自分も幸せ　まわりも幸せ

上機嫌に働く 67のコツ

今蔵ゆかり
Imakura Yukari

ぱる出版

ついに私も後輩を指導する立場になった。
ハイッ
頼んだよ！
でも、空回りばかりで疲れ気味。たとえば――
デキる先輩を気取って強気キャラでいくと…
これお願いねっ
できた？まだ？
ビクッ
ビクッ
誰もついてきてくれずに、孤立状態で失敗。
ついていけないわ
ヒソヒソ
ヒソヒソ

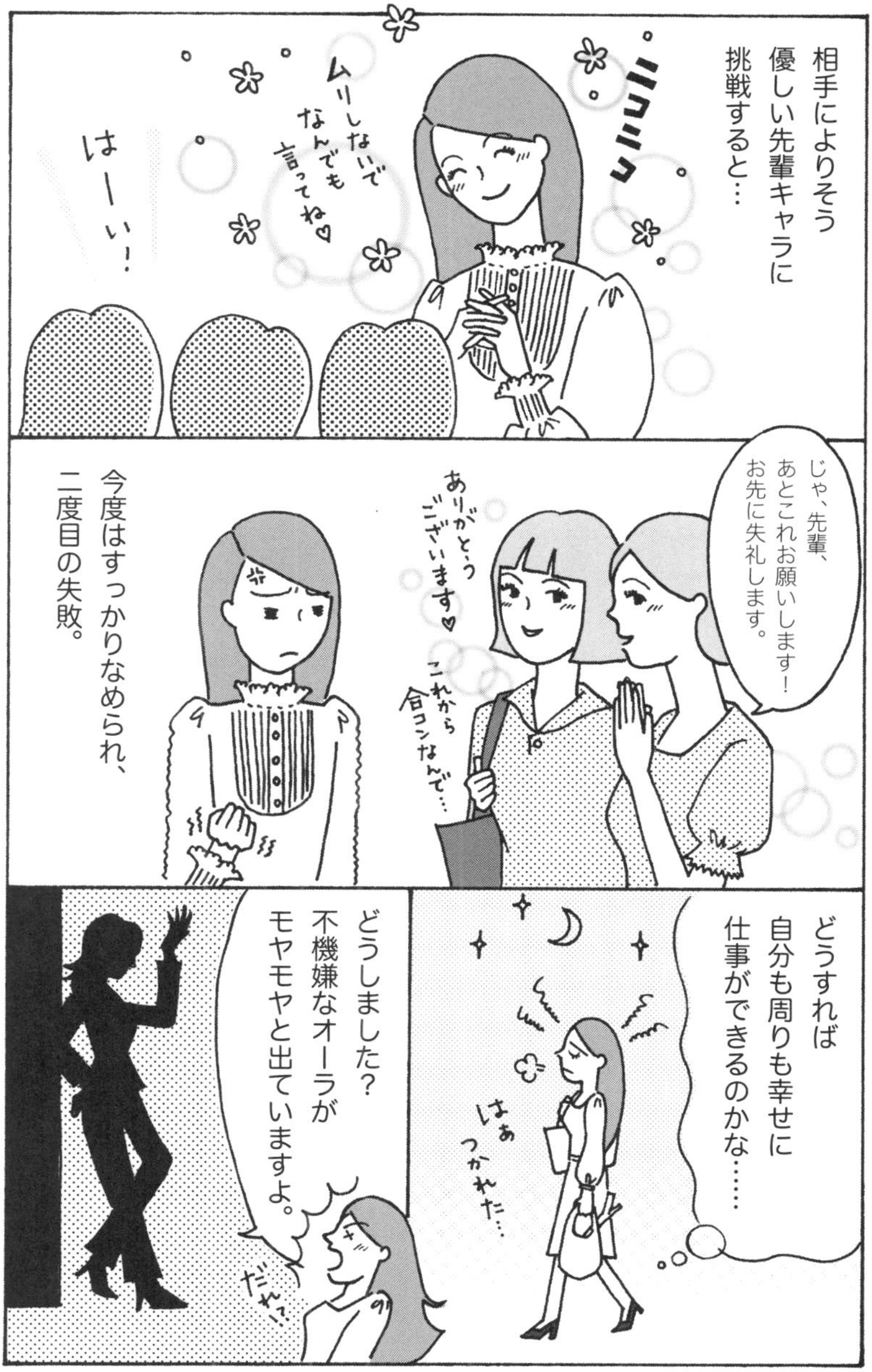
相手によりそう
優しい先輩キャラに
挑戦すると…
ニコニコ
ムリしないで
なんでも
言ってね♡
はーーい！
じゃ、先輩、
あとこれお願いします！
お先に失礼します。
ありがとうございます♡
これから合コンなんで…
今度はすっかりなめられ、
二度目の失敗。
どうすれば
自分も周りも幸せに
仕事ができるのかな……
はぁ
つかれた…
どうしました？
不機嫌なオーラが
モヤモヤと出ていますよ。
だれ!?

私は今蔵ゆかりと申します。

新卒で設立時のCCC株式会社に入社。今は上機嫌に働く方法をみなさんにお伝えしています。

TSUTAYA
あなたのその悩み、上機嫌力を身につければ解決しますよ！

上機嫌？

それってテンション高くいることですか？

上機嫌力というのは、安定してフラットな状態を保てるスキルのこと。

ばつ
まる
上機嫌な人は信頼度が高いのです。

あなたなら安心ね！

上機嫌力は、周囲への気配り、自分自身への気配り、このバランスが大事なんです。
自分への気配り
周囲への気配り
そういえば私、一方に偏ってバランスを崩していました…。
まずは周囲への気配りとして、印象・振る舞い、会話術・対応力、段取り力を磨きましょう。
印象・振る舞い
テキパキ
段取り力
会話術・対応力
そして自分自身への気配りとして、自分を大切にする時間を持ちましょう。
さあ、あなたも上機嫌力を身につけて、幸せに働きましょう！

自分も幸せ　まわりも幸せ
上機嫌に働く67のコツ

CONTENTS

第3章 ◆ 上機嫌な「会話術・対応力」

第4章 ◆ 上機嫌な「段取り力」

第5章 ◆ 上機嫌になるために「自分を最優先で愛しむ」

第1章

なぜ上機嫌力を身につけると幸せになるのか？

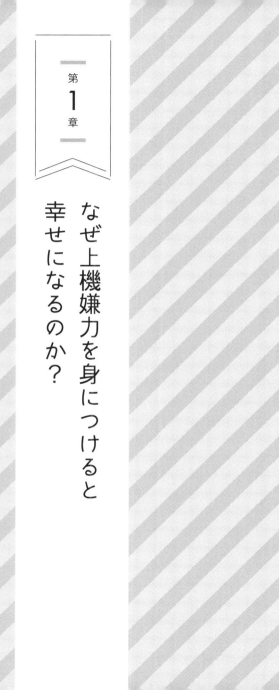

上機嫌でいることは大人のマナー

上機嫌でいることは、大人としてのエチケットです。

いつも上機嫌でいられる人は、大人の気配りができる人です。

機嫌によって周りを振り回す人は、自分にかまってほしい幼い子供のようです。

私達の周りには、残念なことに不機嫌な人が増殖中です。

なぜ、電車や職場で、眉間にシワを寄せて怪訝そうな表情でいるのでしょう？

なぜ、イラっとしたら、場の空気も読まずに声を荒らげてしまうのでしょう？

口を開けば、不平不満やグチばかりをシャワーのようにまき散らす人もいます。

不機嫌な人は、相手を負のオーラに巻き込んでいることに気づいていないのです。

冒頭から〝不機嫌あるある〟のオンパレードになりましたが、このような人に大人のマナーがあるとはいえませんね。


不機嫌でいることで、自分にも相手にもイイことなんて1つもないのです。

「あ～マズイ、私の中でも〝不機嫌あるある〟が増殖中だわ、でもこれ治せるのかな…？」

もし、あなたがそう思ったなら、どうぞご安心ください。心配はご無用です。

そう思えるあなたは、とても素直な人だからです。

素直な人は心が柔軟なので、自分事として捉えることができます。

この本をお読みいただき、〝上機嫌力〟を身につけることで、〝不機嫌な人〟から〝上機嫌な人〟へ華麗に変身を遂げることができるでしょう。

私達は日々、多くの仕事や情報に追われ、慌ただしく過ごしています。

そのため、つい1番大切な自分自身を置いてきぼりにしてしまいがちです。

それが続くと、心はすり減り、潤いがなくなり、カサカサにささくれだってくるのです。

それが負の連鎖となり、不機嫌さをフツフツと醸し出してしまうのです。

「こわっ！」ささくれだった女なんて、真っ平ごめんですよね。

不機嫌は、自分にも相手にも〝マイナスでしかない〟のですから。


〝上機嫌でいることは大人のマナー〟です。


この言葉をインプットしたことで、あなたの〝不機嫌スイッチ〟はオフに、そして〝上機嫌スイッチ〟はパチンとオンに切り替わりました。

さぁ、ここから自分も周りも幸せになる〝上機嫌力〟を楽しんでいきましょう。

上機嫌こそが知的な能力

「仕事中にいつも上機嫌でいるなんて、なんだか調子が良さそうでみっともない気がする」。なかには、そう思い込んでいる方がいらっしゃいます。

そう思っている方は、職場で険しい表情をつくり、周囲に頑丈な壁をつくっています。

なぜなら〝不機嫌でいることが知的である〟と思っているからです。

これは大きな勘違いです。

私は企業の経営者や職場のリーダーを対象に、講演をさせていただく機会があるのですが、その際に、必ず取り入れるワークがあります。

〝自分を知る・行動習慣チェック〟というワークです。

仕事における自分の行動習慣について、約20項目を並べています。

「これは、自分に当てはまる」と思う項目にチェックを入れていただきます。

ワークのチェック項目のなかには、このような問いがあります。

□　仕事中は厳しく険しい表情を保つようにしている。

〝こちらの思惑通り〟（失礼ながら…）この項目にチェックが入る方には、ある共通点があります。さて、それはどんな共通点でしょうか？

みなさんの〝雰囲気〟が似ているということです。

〝重々しい威厳のあるオーラ〟を醸し出しておられる方が圧倒的多数なのです。

失礼ついでに、別の言い方でいうと〝不機嫌そうな人〟ともいえるのです。

ワークの中では、チェックがついた項目について「なぜ？ そうされているのですか？」という問いかけをし、答えていただきます。

すると、9割の方がこう答えます。「威厳を保つため・なめられたくないから・有能に見えるから」と。部下にしてみれば「勘弁してよ～」ですよね。

〝自己過信するために〟わざわざ不機嫌を装っている〝勘違い星人〟です。

不幸にも、不機嫌上司と一緒に仕事をする羽目になったらどうでしょう？

不機嫌でいられることで、報連相もしにくく、ミスも生じやすくなります。萎縮してしまい、本来の実力を発揮することができません。まさにデメリットだらけですね。

〝不機嫌は知的〟は大きな勘違いです。上機嫌こそ、知的な能力なのです。

あなたが知的な上機嫌リーダーとなって〝勘違い星人〟を巻き込んでやりましょう。

上機嫌な人は安心感を与える

世の中が上機嫌な人ばかりだと、対人トラブルの9割はなくなるのでは？と思います。
ストレスの多い時代だからこそ、せめて自分の機嫌は自分でとりたいものですね。
とはいっても、やはり人間は感情の生き物です。
理不尽な出来事、ムカつく人に遭遇し、不機嫌になってしまうこともあります。
かくいう私も、思わずムッとして仏頂面になってしまうことがあります。
不機嫌の波にのまれ、「しまった…」と悔いることがあります。
恥ずかしながら、まだまだ〝上機嫌〟の筋トレが足りないようです。
理想をいえば、ムカつく相手こそ、サラリと笑顔でかわしてやりたいところです。
さて、あなたは今まさに〝不機嫌な人〟の波にのまれている最中だとします。
あなただけでなく、周囲の人も不機嫌ワールドにグイグイと引っ張られています。
場の空気はどんより重く、色があるとしたら真っ黒に近い灰色です。
「こんな時、〇〇さんがいてくれたらなぁ…」。

ふと顔が思い浮かぶのは誰でしょう。

場を優しく包み込む女神のような人、もしくはピンチを救うスーパーマンみたいな人かもしれません。

私なら『聞く力』の著者である阿川佐和子さんのような、ソフトで聡明な人が浮かびます。

阿川さんが颯爽とあらわれて、「あら？ ここの空気悪くない？ 換気しましょう！ 窓あけて〜」なんていってくれたら、「助かったぁ！」と安堵感に包まれます。

この場に登場してほしいその人に、私達は何を期待しているのでしょうか？

「○○さんなら、この重い空気をパッと軽やかにしてくれるに違いない」。

安心感を期待しているのです。

「鬼の形相をしたあの人が、ここで一発ガツンといってくれたら…」などと思う人はまずいないでしょう。鬼に登場されると、ますます場は凍り付いてしまいますからね。

「○○さんがいてくれたら…」、ここで思い浮かんだ人は〝上機嫌な人〟です。

上機嫌な人は、人をハラハラさせません。人に安心感を与えます。心が安定しているから、場を和ませることに長けているのです。

上機嫌は、ギスギスした場を和ませ、人間関係をスムーズにする能力なのです。

上機嫌は周りをプラスに巻き込む

〝あの人がやると雑巾がけをしていても、カッコイイ仕事に見える。〟

これは、数年前に読んだ本の中で、今でも印象に残っているフレーズです。

面倒な仕事でも、その人がはじめると不思議と影響されて、「よし、私もやるか！」と重かった腰がすっとあがってしまう、そんな経験はありませんか？

たとえば、普段はやる気にならない、面倒なデスクの片づけや、部屋の掃除。気づくと書類やファイルが山積みになり、まるでミルフィーユ状態。こうなると、ますます嫌気がさして、フットワークは重くなるばかり。

そんななか、**上機嫌にサクサクと片づけをはじめる人がいます。**

それにつられて、気づけば自分も片づけはじめている、なんてことがあるはずです。

職場とはまったくシーンが異なりますが、こんな実話もあります。

母親に再三「片づけなさい！」といわれても知らんぷりだった子供が、母親のある作戦によって、自分からすすんで片づけはじめたお話です。

母親の作戦はこうです。床には数体のぬいぐるみが転がっています。

「みて！ ◯◯ちゃんのクマさん、イスに座らせてあげたよ。クマさん嬉しそうね。ママ今度はうさぎさんも喜ばせちゃおう」。そういって、楽しそうに片づけをはじめるのです。ママするとと効果はテキメン。横で見ていた子供は、「ママが楽しそうだから私もやりたい」と動き出したといいます。

これこそが、上機嫌の巻き込み力です。

数年前にウォーターボーイズというドラマがありました。男子高校生がひょんなことから、シンクロナイズド部を結成し、大会に出場するまでの努力や喜びを描いた青春物語です。

結成当初は「男のシンクロなんてバカじゃないの」と白い眼で見る人ばかりでしたが、楽しくひた向きに練習に取り組む姿に、みるみる応援する人が集まってくるのです。ラスト、プールでの演技のお披露目シーンでは、拍手喝さい感動の渦。

仮に彼らが渋々やっていたら、これほど応援されることはなかったでしょう。

上機嫌で楽しそうだったから人は魅了されたのです。

例え話がビジネスシーンから脱線してしまいましたが "**上機嫌には周りをプラスに巻き込む力がある**" ことが、ご理解いただけたのではないでしょうか。

人間の最大の罪は不機嫌である

ドイツの詩人ゲーテは、人間の罪についてこう語っています。

「人間の最大の罪は不機嫌である」。不機嫌であることこそ大罪です。

大罪だなんて、少し大げさのようにも感じますが、「なるほど、そうかもしれないな」と腑に落ちた話がありますので、ご紹介しましょう。

数年前に2日間かけて、怒りの感情マネジメント方法を学ぶ機会があり、そこで得た言葉です。

〝怒りは連鎖する。私たちは怒りの連鎖を止めるように努めなければならない。〟

教えてもらったのは、ある定食屋さんでの話でした。

お昼休み、お客さんがざるそば定食の食券を買い、イスに座りました。店員さんが「ざるそば定食でよろしいでしょうか？」と確認すると、お客さんは「食券を見ればわかるだろうが！」と急に声を荒らげました。店員さんはムッとした気分を抑えきれず、怒鳴り声でそば職人さんにオーダーを伝えました。そば職人さんは「なにキレてるんだ？」とムッとしました。そして気分が悪いまま帰路に着きます。気晴らしにビールを飲もうと冷蔵庫を開けるも、ビールがありません。「おい！ ビールがない！」と思わず奥さんを怒鳴りつけます。怒鳴られた奥さんはイラッとして「さっさと宿題をしなさい！」と息子さんを怒鳴ります。翌日、息子さんは学校で友達とトラブルを起こし、お母さんは学校に呼び出されます。

お母さんが息子さんに理由を聞くと、昨夜怒鳴られたことでモヤモヤしていたとのこと。その話をお父さんに報告すると、「実は昨日、店員さんにキレられてイライラしてしまい、八つ当たりしてしまったんだ」と。翌日、店員さんにキレていた理由を聞くと、お客さんの態度にムカついたことが原因だったとわかりました。

不機嫌が延々と繋がっていることが、ありありとわかりますね。

この話は、フランチャイズのお店の研修で使われている実話だそうです。

不機嫌はこのように伝染していきます。だから最大の罪なのです。

ということは、その逆もまたしかりです。

誰かが上機嫌でいることは、周りにも上機嫌が伝染していくということです。

あなたが上機嫌でいることで、自分も周囲も幸せにすることができるのです。

気分にムラがある人は敬遠される

芸能人の中には、特別目立った存在ではなくても、何年も息長く活躍されている人がいます。一方、爆発的に売れっ子になったのに、気づけば姿を消している人もいます。

業界で仕事をする知人に聞いたのですが、**長く仕事がもらえる人は**、スタッフさんの評判がすこぶるいい人なんだそうです。

何年たっても謙虚さを忘れず、**自分自身をニュートラルに保てる人**であるようです。

売れっ子になった途端に豹変し、干されてしまう残念な話はよく耳にしますね。

天狗になってしまい、スタッフさんに暴言を吐き、気分次第で振り回し、わがまま放題。

こうなってしまうと、悪評判が広がるのは時間の問題です。

「この人とは一緒に仕事をしたくない」。スタッフさんからは敬遠されてしまうのです。

「うちの職場にも、いるいる！」と読みながら頷かれている方もいらっしゃるでしょう。

私の以前の職場にも、気分に超ムラがあり、周囲を振り回す上司がいました。

「この企画、なかなか面白いから進めて」と承認を得たはずが、翌日機嫌が悪くなると、

「あの企画は却下、やり直しだ」。そしてまた機嫌がよくなると、「やっぱり最初の企画でいこう！」と二転三転。心の中で思わず「どっちやねんっ」です。

その度に段取りは狂うし、たまったものではありませんでした。

今日の機嫌はどうかな？ と気は使うし、二転三転しないかとヒヤヒヤものでした。

実はその人の直属の上司（部長）もまた、部下の気分のムラにてこずっていたのです。

ある日、部長がビジネスパーソンの心得として話をしてくれました。

「○○さん、どうやら今日は機嫌があまりよくないようだね。正直、彼には仕事を頼みにくくてね、つい安心できる人を頼りたくなる。人間誰だって、機嫌のいい日も悪い日もある。それをイチイチ顔に出すことなく、気分を安定させること。それがビジネスパーソンとしてのマナー。自分の器を大きくすることでもあるんですよ」。

もしあなたが「まるで私だ」と落ち込むようだとしたら、こんな風に考えるといいですよ。

機嫌が悪くなる自分に対して、"悪い"とジャッジする必要はありません。

大事なことは、機嫌が悪い自分に気づき、「切り替えよう」とすることです。

不機嫌スイッチをオフにして、上機嫌スイッチをオンに切り替える。

気づいたら即チェンジです。それでオッケーなのです。

仕事はそこそこでも上機嫌な人が愛される

〝こんな人と一緒に働きたい。〟誰にでも、理想像があります。

明治安田生命保険相互会社が実施している「理想の上司・新入社員」アンケートの調査結果を見ると、時代に沿った理想像が明確に見えてきます。2020年の結果を見てみましょう。

まず、「理想の上司」の回答で上位を占めたものは、〝的確さ〟〝親しみやすさ〟です。

・1位、的確に指示してくれる・2位、親身になってくれる・3位、適切な距離感がある

有名人では、男性が5年連続で内村光良さん、女性では4年連続で水卜麻美さんが、それぞれ1位独走中です。

また、「理想の上司を漢字1文字で表すと?」の1位は〝優〟でした。次に〝頼〟〝柔〟が多く、やはり優しい親しみやすさ、頼りがいが求められていることがわかります。

視点を変えて、上司が求める「理想の新入社員」、こちらの結果も気になるところです。

アンケートでは新入社員とされていますが、一般社員の方も該当するでしょう。

3位をグンと引き離して、1・2位が全体の半数を占めています。

・1位、親しみやすさ・2位、明るさ・3位、実力

理由としては、職場においてはコミュニケーション力が必要不可欠であるから。そのため"親しみやすさ""明るさ""謙虚さ""理解力"が求められるのです。

有名人では、男女別に、プロ野球選手の大谷翔平さん、プロゴルファーの渋野日向子さんがそれぞれ1位でした。さわやかな笑顔でインタビューに応じる親しみやすさと、実力を持つお二人。その魅力に心を鷲掴みにされた人は、日本中に何万人いることでしょうか。

渋野日向子さんは、そのとびきり素敵な笑顔が"しぶこスマイル"とネーミングされ、子供からお年寄りまで幅広く愛されています。実力もさることながら、上機嫌なしぶこスマイルこそが、彼女の魅力を最強にしていると私は確信しています。

"上機嫌"は人を魅了し、コミュニケーションを円滑にするための必殺技です。

ちなみにアンケートの中で、"仕事ができる"を理想にあげた人の割合はどれくらいだったと思いますか？

その回答率は全体の16・6％と、"そこそこ"の割合でした。

仕事ができるけれど、不機嫌でとっつきにくい人よりも、仕事はそこそこでも、上機嫌で親しみやすい人（もちろん最低限の仕事力は必要です）**が圧倒的に愛されるのです。**

失敗談その① 強気リーダーで孤立

実は、私は過去に女性の部下を泣かせてしまい、離職させてしまったことがあります。

当時を思い出すと、針で胸をチクリと刺されたような感覚になります。

離職の直接の理由は他のものでしたが、おそらく私の存在も理由の1つであったのだろうと思っています。


リーダーとして「私がしっかりとチームを引っ張らなくちゃ」と気負っているあなた。

そんな頑張っているあなたに、少し耳を傾けてほしい話です。


私は、若くして新規事業のリーダーに任命されました。

今でこそ女性リーダーは珍しくありませんが、当時は数少ない存在でした。

困ったなぁ、リーダーなんてやったことないから、どうしたものか？

そこで思いついたのは、”イケてる男性リーダーのマネをすること“でした。

でも、**私がマネをしたのは、彼がイケてるように見えた”牽引力“の部分だけでした。**

ここが1つ目のしくじりポイントでした。

相手の状況も聞かず一方的に「決定事項だから、文句を言わずに即やって」と偉そうな指示。

不機嫌がかっこいいと勘違いし、クールを装い仏頂面。

リーダーが掃除などする必要はないと、「ここの掃除もよろしく」と部下に丸投げ。

そのくせ「相談事があれば何でも話してね」。

私も〝勘違い星人〟の仲間でした。まるで、コントに出てくる嫌な上司をリアルに実践していたというわけです。

いうまでもなく、こんな私を誰も慕ってくれるはずはありません。先頭で旗を振りみんなを引っ張っているつもりが、振り返るとポツーンと「あれ？ 私ひとり？」状態でした。

当然の結果ですね、アホみたいなプライドにエネルギーを注いでいたのですから。

「その話、誰が聞いても最悪ですよ。なぜ気づかなかったのですか？」

そう思いますよね！ それが、渦中にいると見えなくなるものです。

リーダーのみなさん、私のように**肩肘を張っていいことなんて1つもありません。**

どうぞ肩の力を抜いてくださいね。心にゆとり、上機嫌力です！

カチカチに張り詰めた肩の力をふわっと緩めることで、視界も広がり、ラクになりますからね。

失敗談その② 弱気リーダーで自信喪失

そんなこんなで、私はその後、一念発起を心に誓いました。

強気孤立キャラ炸裂で、空回りをした経験から、自分のあり方を改善することにしたのです。

ここが2つ目のしくじりポイントです。

よかれと思って次に私が試みたこと、それがまた大失敗を招くことになるのでした。

その試みとは、"とにかく相手ファーストでいこう"でした。

ここで疑問が湧きませんか?「気配りの本には"相手ファースト"が仕事や人間関係をよくするために必要であると書いてありますよね?」

そうです、そうなんです、それには私も大きく賛同します。

ではなぜ私は、"相手ファースト"で、しくじってしまったのでしょうか?

それは、**相手ファーストに"徹しすぎ"てしまったからでした。**そのため、頼りなく思われ、なめられ、自信喪失してしまったのです。

人に何か提案されると、自分の意見とは異なっていたとしても、「いいですね、〇〇さんの提案でいきましょう」と相手に合わせる。そして心の中でつぶやく。「まぁいいや」。

ある日の朝、部下が20分遅刻をしました。「電車が遅延していて…」。この日に遅延はありません。バレバレなウソだとわかっていても「そうでしたか、それは大変だったね」と、注意することすらできずにいました。

こんな具合に、摩擦を避けるため、相手の言い分はすべて"イエス"を心がけました。もちろん、よかれと思ってです。

その結果、私は部下になめられるキャラになっていたのです。

「大丈夫、今蔵さんなら何でもオッケーするから。"ノー"を1度も言われたことないし、そもそも自分の意見を持っていないかもね」なんて陰でいわれていました。


"相手ファースト"は人間関係を円滑にするための大切な心がけです。ですが、あくまでも"ほどほど"が肝心です。


ほどほどを保つには心の"ゆとり"が必要です。車のハンドルでいえば"あそび"です。"あそび"があるから安定した運転ができるのです。

肩肘を張りすぎず、緩めすぎず、ほどほどでいるには、"上機嫌力"を身につけることでうまくいきます。

リモートワーク画面の中でも上機嫌な人が信頼される

新型コロナウイルスの影響で、仕事の場所や方法にも随分変化が起こっています。通勤電車に揺られることもなく、自宅でリモートワークをされる方も増えてきましたね。そんなリモートワークの中でのあるあるシーンです。イメージしながらお読みください。

月曜日の朝、今日は9時からZOOMでチームのリモート会議です。参加者は8名。自宅の中で、快適に仕事ができる場所を探して席に着く。そして9時前にパソコンを立ち上げZOOMのミーティングルームにログインをする。次々と会議に参加するメンバーが画面に集まってきます。操作に不慣れな人もいて、ちょっとギクシャクすることもあります。

・ミュートの解除をし忘れたままで、力説するも声が一切聞こえない人
・今日は機嫌が悪いのかな？と思わせるほど、無表情な仏頂面の人
・画面がかたまっている？と心配になるほど、静止画のように動かない人
・自分の声が聞こえていないのか？と不安になるくらいリアクションの薄い人

・ボソボソと声が小さすぎて、何をいっているかわからない人
・顔がドアップ過ぎて、それが気になり話がいっこうに頭に入ってこない人
・照明が暗すぎて顔が判明せず「あなた一体どなたですか？」状態の人

クスッと笑えることから、そうでないことまで、実に様々なことが起こります。

ここで、**その場の空気を軽くし、風を通すことができるのが、上機嫌な人です。**

上機嫌な人が画面に登場すると、パッと光がさしたように明るく見えます。

先に述べた、ギクシャクあるあるな人とは何が違うのでしょうか？

その違いは簡単です。

明るい笑顔、人の話にはほどよく頷く、時に身振り手振りでリアクションする。

「○○さん、ミュートになっていますので、解除キーを押してくださいね」。

「私の声はみなさんに聞こえていますか？」

「私の意見は以上です。次に○○さんにお願いしてもよろしいでしょうか？」

明るい気配りで場の空気を動かします。上機嫌力がここでも発揮されるのです。

個人的には、女性の方がこういった場を和らげるのが上手だと思っています。

上機嫌な人が画面の中にいるだけで、空気は明るく軽くなり、実りのある会議が行われます。「おかげで助かった」。画面の中でも上機嫌な人が信頼されるのです。

上機嫌力は誰でも身につけることができる

「上機嫌でいることのメリットはよく理解できました。だけど、世の中には理不尽なことがあふれていて、正直な話、上機嫌でいることはハードルが高い気がします」。

こんな本音も聞こえてきます。

確かにそうかもしれません。以前まで私もそう思っていました。

ですが、考えてみてください。自分の人生の多くを占める仕事の時間です。

どうせなら上機嫌に過ごした方が断然ハッピーで、よくないでしょうか？

置かれた状況のもと、上機嫌でいるか、不機嫌でいるか、どう過ごすかは、自分の選択なのです。どんな状況でも、それを自分がどう捉えるか？　それ次第でどうにでもなります。

「自分の機嫌は自分でとる。私は上機嫌でいる！」と決めることで、上機嫌でいることができます（過去の私に言い聞かせたいものです…）。

前にも書きましたが、**上機嫌力はスキルです。**

筋トレのようにやり方を知り、コツコツ実践することで、身につけることができます。

では実際にどんなシーンで、どうやれば上機嫌力が身につくのか？

第2章以降では、具体的な6項目の実践方法をご紹介しましょう。

1. 印象

「人間中身よ、外見なんて関係ないわ」なんていっているあなたは、かなりマズイです。

2. 振る舞い

ファイルを人に渡す、その振る舞いからも、あなたの機嫌はにじみ出てしまいます。

3. 会話術

饒舌に話す必要はまったくありません。間合いとテンポが上機嫌な印象を与えます。

4. 対応力

ムカつく上司をサラリと流す術で、ムダなイライラエネルギーとおさらばできます。

5. 段取り力

「気がきくね！」そう評価されると、仕事も人間関係も上機嫌スパイラルになります。

6. 自分を最優先で愛しむ

実は、ここが私の1番の推しポイント。**キーワードは"自分の機嫌は自分でとろう"。**

いよいよ上機嫌力の筋トレのスタートです。私が伴走しますから楽しんでいきましょう。

第2章

上機嫌な「印象・振る舞い」

01 姿勢はあなたの印象を物語る

姿勢ひとつで、あなたが人に持たれる印象はガラリと変わります。

企業訪問先や講演先で、大勢の中パッと目を引く存在の人がいます。

その人の周りだけ発光しているような〝素敵オーラ〟が漂っているのです。

「清々しくて仕事ができそうだな、きっと信頼されているんだろうな」と感じます。

光り輝く素敵オーラの正体、それは〝姿勢のよさ〟です。

ひと際目立つ存在の人は、みなさん背筋がスッと伸びているのです。

それだけで、清々しく、ハツラツと仕事ができるように〝見える〟のです。

姿勢のよさというと、一流ホテルのドアマン。そのシャキッとした美しい姿勢でサービスを受けると、自分を大切にしてもらえたようで、とてもいい気分になりますね。

ホテルで1番最初に出会うドアマン、その印象はホテルの顔そのものです。

これが背中の丸まったドアマンだと、このホテル〝はずれ〟なんて印象に…。

仕事中のあなたの姿勢から、人が感じ取る印象もこれと同じなのです。

極端なハナシ、**少々仕事ができなくても、自信がなくても、よい姿勢には、周囲に「こ**

の人は何か違う！」と思わせる力があるのです。

ここで、ちょっとだけ不謹慎な私のエピソードを。

はじめて〝姿勢が与える印象〟を実感したのは、高2の夏、バレー部のお寺合宿でした。慣れない正座で和尚さんの話を聞いていると、バチッと目が合い、「あなた姿勢が素晴らしい！ 前に出てみんなに手本を見せてあげなさい」と部員の前に駆り出されたのです。

おまけに、「この中で彼女が1番真剣に取り組んでいます。姿勢を見れば一目瞭然です。みんなも見習うように」とのお言葉まで…。頭の中で「？」マークが舞っていました。

心の中は「はぁ〜正座きっつ〜い、早く終われ」でしたからね、和尚さんごめんなさい。

その時に〝姿勢だけでこんなに印象が変わるものか〜〟と、驚くとともに、〝シメシメ、これは使わない手はないぞ〟と、武器になることを確信したのでした。

すぐに姿勢をよくするコツは、たったの3つです。

・お腹を凹ます・頭から糸が出ていて上に引っ張られている感覚・肩をスッとおろす

超簡単ですね！ まずはこの3つを〝形状記憶〟するくらい実践しましょう。

TIPS

01 上機嫌な印象を身につけるために、背筋をスッと伸ばそう

デコルテからオーラのビームを出そう

02

姿勢のお話をもうひとつ。

知人に1年の3分の1をヨーロッパで過ごす、グローバルな女性がいます。

「オーラビームはデコルテから放たれるのよ」。

これは彼女に教わったインパクトある名言です。

彼女から聞いた、パーティー会場での大どんでん返しエピソードをご紹介します。

ある日、彼女のもとにパーティーの招待状が届きます。ドレスコードはセミフォーマル。

当日、仕事がおしてしまったために準備時間がなかった彼女は、シンプルなドレスにサッと着替えて会場に向かいました。

ところが、会場の扉を開けた瞬間、「しまった！　私しょぼすぎる…」。

華やかなドレスに身を包む女性たちの姿を前に、足がピタリと止まりました。

「はぁ〜これじゃあ、壁の花になっちゃう。そうだ、こんな時は奥の手だわ」。

彼女の奥の手は、デコルテからオーラビームを出すことでした。

「さてと」。ひと呼吸おいて仕切り直しです。**デコルテを左右にこれでもか！と開き、**

背筋の伸びは3倍増し、笑顔を浮かべ、自信満々に会場に足を踏み入れたのでした。

すると、次々と男性から声をかけられます。「最高に魅力的だね」と。

デコルテから出るオーラビームのおかげで、しょぼいドレスなど誰も気にしません。

「ゆかりさん、姿勢ってほんと武器よね！　私、ここぞという時にはいつもの数倍意識して姿勢をよくするのよ。デコルテをレフ板と見立てて、めいっぱい広げると光を与えてくれるの。少々服がしょぼくてもね、なんとかなるものよ！　ウフフ。ゆかりさんもやってみてね」。ウインクしながらチャーミングな笑顔で語ってくれました。

〝デコルテをレフ板に〟このフレーズもいただいておきましょう。

せっかくいただいたのですから、フル活用しなくちゃもったいない。

講演会で何百人の方の前で登壇する際、そしてここぞ！　というシーン、迷うことなく彼女に教えてもらった〝奥の手〟を使っています。後日いただくご感想には「今蔵さんの立ち姿がキレイ」「見ていて気持ちがよかった」など、姿勢の印象が必ず入っています。

姿勢ひとつで、自分に自信がつき、周囲を気分よくすることができるのです。

TIPS

02 上機嫌な印象を身につけるために、デコルテを左右に開こう

03 マスク越しでも伝わる笑顔づくり

"印象のいい笑顔をつくるには、口角をキュッと上にあげましょう"。

印象力アップの表情づくりの際にいわれる、鉄板フレーズです。

口角がキュッとあがった笑顔で対応されると、こちらまで笑顔がこぼれますね。

しかし、あるシチュエーションにおいては、口角をあげるだけでは印象アップの効果がほとんどないのをご存知でしょうか？

それは、マスクを着用している時です。

顔の下の半分以上の面積を覆っているわけですから、口角をあげて歯を見せて笑顔をつくったところで、相手にはほとんど届いていないのです。

職場で来客対応する際、レジで会計をする際、カフェでオーダーをする際。

「なんだか無表情で愛想ないなぁ、疲れているのかな？」

「いつもはもっと笑顔なのに、今日は機嫌が悪い？」

と感じるシーンが以前よりも増えている気がしませんか？

おそらく、当人は何ら以前と変わりなく、にっこりと微笑んでいるはず。

マスクの下は笑顔なのに、不機嫌と勘違いされるなんて残念無念です。

そこで"目の表情"が生きてくるのです。

「目は口ほどに物をいう」という言葉がありますね。

ソフトで温かな眼差しは、人に安心感を与え、あなたの印象をアップさせます。

目というのは、その人の印象を決めるパーツといわれています。

マスク着用中は、口元ではなく"目元"で笑顔をつくりましょう。

「今日は、元気ないね」。あなたはいつも通りの笑顔なのに、そう言われたとしたら、目元の笑顔が足りていないサインです。

とはいっても、自分の表情は自分ではわからないものです。

マスク越しでも笑顔が伝わっているかを、自分でチェックする方法があります。

スマホで自撮りです。いつもの笑顔でパチリ、口角をきゅっとあげてパチリ、目元まで微笑んでパチリ。これでどう見えるかをチェックします。さらに、写真を知人に見せて「笑ってるように見える？」と判断してもらうと、もっといいですね。

TIPS

03
上機嫌な印象を身につけるために、マスクの時は目元まで笑顔にしよう

04 リモートワーク画面の中の笑顔は3倍増しで

次は、画面の中では"笑顔は3倍増しでないと伝わりませんよー"というお話です。

リアルの笑顔、マスク着用時の笑顔、マスクなしで画面越しの笑顔、これだけで3種類。とはいっても、**上機嫌力アップのためには笑顔ははずせません。**

2020年、私達の働き方が急速に変化してきました。

「リアルにしますか？ オンラインにしますか？」

仕事のシーンでは、二者択一がすっかり定着しています。

オンラインでの印象づくり、知っているのと知らないのとでは、"得する人・損する人"くらい差が出てしまうので、ここは迷わず"得する人"になっておきましょう。

・相手の話を聞く際の「イエス」の相槌。
・相手に伝えたい、熱い意気込み。
・相手に対しての「共感」「驚き」「疑問」のリアクション。
・相手に「あなたの話を聞いていますよ」という安心感を与える笑顔。

画面の中で相手に伝わるのは"半分そこそこ"なのです。

リアルであれば「熱意ある人だな」「温かみのある人だな」と、その人の"温度"を感じ取ることができますが、画面の中では"温度"を感じることができません。

相手の情報入手方法は2つ、視覚と聴覚でしか得ることができないのです。

そのうち、視覚からの情報が8割以上ともいわれています。

ですから、この視覚を存分に活用する必要があるのです。

うっすら微笑んでいるくらいでは、画面上ではおすまし顔に見えます。

ここで力を発揮するのが"口元"です。

口角をあげ、前歯を6本くらいみせて微笑む、自分が思う3倍増しでちょうどいいのです。画面上では、それくらいでようやく「笑顔がいいね！」と認識されるのです。

これも画面をスクショして、第三者目線でみるとよくわかります。

「3倍増しって、大げさじゃない？」大丈夫です！　誰にもそうは見えませんから。

いっそ女優になりきって、3倍増しで微笑んでいる自分を楽しんでしまいましょう。

TIPS

04 上機嫌な印象を身につけるために、画面の中では3倍増しの笑顔をつくろう

05 「先」を磨く人は内面も輝いている

先をみれば、その人の丁寧さがわかります。

「先」とは、"指先・毛先・つま先"のことを指します。


この3つが手入れされ、磨かれている人は周囲に心地よさを与えてくれます。

先まで意識が行き届くというのは、視野が広く、アンテナの感度が高いということです。

つまり、状況や変化を"察知し、行動する"ことができる人。

"あの人がいると心地いいね"と周囲を上機嫌にする力があるのです。

アンテナの感度が悪いと、どうでしょう？

仲間が仕事で困っていても、元気がなくても、気づけずにいるかもしれません。

では、あなたの"先"はどうでしょう？

先まで意識が行き届いているか、チェックしてみましょう。

まずは、指先。

爪は伸びっぱなし、ネイルはとれかけ、ささくれだっていませんか？

ネイルサロンを利用しているなら、次回の予約を入れて定期的にケアしましょう。

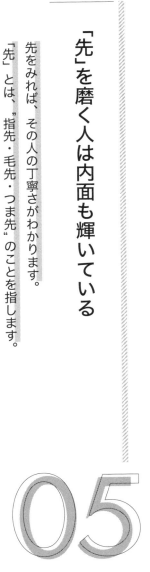

ご自身で手入れをしているなら、"土曜の夜はネイルケアの日"と自分に予約します。

次に毛先。

パサパサ・切れ毛・枝毛になっていませんか？ 髪はとにかく"清潔感と艶が命"です。

パサパサで艶がないと、不潔感とお疲れオーラが漂ってしまいますから、要注意です。

特にオトナ女子は、"清潔感と艶"を超・強化する必要があります。

そして、最後につま先。

"足元を見ればその人がわかる"は有名な言葉ですね。

パンプスの先はすれていませんか？ ヒールの傷みチェックも忘れずに。

革がめくれていたり、傷だらけだったりすると、たちまち残念な印象になります。

私の知人のステキ女子たちは、月に1回「女磨きの日」をスケジュール化している人が多いです。そんな彼女たちは、仕事も人間関係も軽やかで、自分自身も輝いています。

仕事ができても、はげたネイルだと説得力は半減するし、指示も頭に入ってきません。

先を丁寧に磨くことで、あなたの説得力と輝きが増してくるのです。

TIPS
05 上機嫌な印象を身につけるために、指先・毛先・つま先を磨こう

06 知らずに出している"ノイズ"を減らそう

「今、○○さんが部屋を出て行ったみたいね」。

「さっき、社内回覧をデスクの上に置いてくれたのは○○さんかな」。

「○○さん、今日はリモートでなく出社日なんだね」。

顔を見なくても不思議と存在がわかる人がいます。

それはなぜでしょう？

それは、その人が無意識で出している"音"で認識しているからです。

部屋を出る際、バン！とドアを閉める音。

デスクの上に、バサッと社内回覧を置く音。

パソコンを入力する際、人一倍カチカチと響く大きな音。

これらは、"ノイズ"です。周りへの配慮が足りない耳ざわりな不機嫌音なのです。

音に敏感な人は、「ガサガサうるさいなぁ～」と思っているはずです。

あなたも無意識のうちに、"ノイズ"を出しているかもしれません。

前項の**"先"まで意識を持つことで、"ノイズ"は消すことができます。**

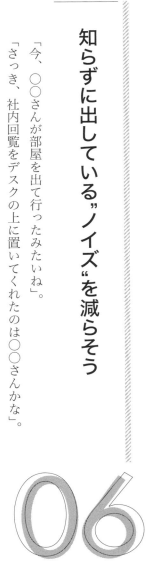

たとえば、こんな風に心がけてみてください。
・ドアを閉める際は、閉まるまで手を添えてそっと閉める。
・書類を置く際も同様、書類の端がデスクに載るまで指先を添える。
・パソコンは、ソフトタッチで入力する。
以前の職場に、とにかく”ノイズ“が大きい女性がいました。

書類はガザッと放り投げ、コーヒーカップを置く時はガンッと大きな音を立て、「機嫌悪いのかな？　いつも怒ってるみたいで怖いんですけど…」との声がチラホラ。

ところが、話してみるとそんなことはまったくありません、いたって普通なのです。

彼女は”ノイズ“のおかげで不機嫌女子のレッテルを貼られてしまったのです。

これまた何とももったいないハナシですね。


”上機嫌“な印象を与える人には、”ノイズ“はありません。


たとえばレストランで、「あれ？　グラスにいつの間にかお水が注がれている！」

このような気持ちのいいサービスは、ノイズがありません。静かでさりげないのです。

TIPS
06
上機嫌な印象を身につけるために、自分が出しているノイズに気づこう

07 リモートワーク背景にも「らしさ」を

オンラインでの会議や打ち合わせをする機会が増えましたね。

”上司も部下も自宅にいるわけだから、私も普段どおり自然にしていよう“。

リモートワークは職場とは違い、いつもより肩の力を抜いたリラックスモードで参加できるのもメリットのひとつですね。

ですが、**ここで油断をしてはいけません。緩めすぎは禁物です。**

リモートワークのオンライン会議、知人から聞いた”リモート・ネタ“をご紹介します。

会議開始の時刻、画面に映ったのは、いつもパリッとした聡明な女性リーダーの姿。

「さすが○○先輩、画面越しでも聡明さが伝わってくるわ」。そう思ったのもつかの間。

「えっ、うそっ？」視界に飛び込んだ光景に、目がテンになりました。

それは、聡明なリーダーの後ろに映りこんだ背景でした。

カーテンレールから半分はずれて、斜めに垂れ下がったカーテン。

ソファにはＵＦＯキャッチャーで獲ったキャラクターが積み重なっています。

いつもの聡明な印象とのギャップがあまりにも大きく、リーダーのパリッとした指示も

いっこうに頭に入ってこなかったそうです。また、
・脱いだ洋服で散らかり放題の部屋
・アイドルのポスターが壁一面に貼られている部屋
それらが気になって仕事に集中できなかった、なんて話も耳にします。

趣味嗜好、ライフスタイルは、個人の自由です。

ですが、**仕事中は画面の向こう側にいる人への配慮は持っておきましょう。**

〝あなたが映りこむ背景ごと〟あなた自身の印象になります。

あなたの立場に相応しい〝らしさ〟の演出も含めて、仕事と認識しましょう。

汚部屋になっていない？　生活感丸出しになっていない？　相手を不快にさせていない？

せめて、背景に映りこむ部分〝だけ〟でも整えておきましょう。

会議システムの中には仮想背景といって、オフィスや本棚など、仕事にマッチした背景写真の設定ができるものもあるので、利用するのもいいですね。

画面越しでも違和感なく、安心感をもたらす人が、心地よい上機嫌な空気をつくります。

TIPS

07 上機嫌な印象を身につけるために、リモートワークの背景を整えておこう

08 ”色“の力で印象をコントロール

色には、人の心理に大きく影響をもたらす力があります。

色で、あなたの印象を良くも悪くも変えることができます。

知らずにいるとビジネスシーンで大恥！ なんてこともありますので、最低限の知識は持っておきましょう。

色の印象について”なるほどエピソード“は数多くありますが、最近のナンバーワン。

私が愛読している、豊中商工会議所吉田さんの12月9日発行のメルマガ記事なのですが、当時5年生の娘さんの感性がなかなか奥深いのです。

「買い物を済ませるとすっかり暗くなっていて、車で帰路につきました。途中、吹田市の万博記念公園前を通るとき、後部座席に座る娘がボソッと呟きました。

『太陽さんが怒ってる。いつも優しい顔の太陽さんが、今日は怒ってる』

前日のレッドステージへの移行（外出自粛要請）に合わせ、**太陽の塔のライトが赤色になっていたん**ですね。その色の影響もあってか、娘にとっては**いつも優しい顔の太陽の塔が怒っているように見えた**のだそうです。一日も早く優しい顔の太陽さんに戻ることを祈るばかりです。」そんな内容が書かれていました。

色にはそれぞれポジティブ、ネガティブ両極のイメージがあります。

「赤」ポジティブ＝勝利・勇気、ネガティブ＝怒り・争い
「青」ポジティブ＝信頼・誠実、ネガティブ＝不安・冷酷
「黄」ポジティブ＝幸福・楽しい、ネガティブ＝軽率・危険
娘さんは、「赤＝太陽さんが怒っている」と感じたのです。

私たちが、色を使ってビジネスシーンの印象を簡単に操作できるのは"洋服"です。

洋服の色で、相手にどう見せたいかをマネジメントすることができるのです。

まずは、基本の３色のイメージを参考に使ってみてください。

たとえば、大事な商談や謝罪のシーンでは、信頼と誠実の色「青」をベースにしたダークブルーやダークグレーのジャケットで挑むとよいでしょう。

「無難だから」と黒を選びがちですが、強い・重い・怖いと不機嫌な印象を与えてしまうので、"全身黒づくし"にならないように気をつけましょう。

TIPS

08 上機嫌な印象を身につけるために、シーンに合った色を選ぼう

09 "服装""服の素材"で自己演出

改めて"上機嫌な人"とは、どんな人だと思いますか？

私はこう定義しています。

"安心感がある、安定感がある"この人なら大丈夫と信頼される人。

それは、場に相応しい服装、振る舞いがちゃんとできる人でもあります。

"色"と同様に服装にも、その場に相応しいもの、相応しくないものがあります。

その場に相応しい服装を選ぶことができる人は、「どこに連れて行っても大丈夫！」という安心感がありますが、その逆だと「恥をかかないか？ ちょっと心配かも」と敬遠されてしまう可能性があるのです。

ここでは、場に相応しい"服装""素材"についての基本編をお伝えします。

以前の職場でのこと。出社した瞬間、社長に「今すぐ帰って着替えてきなさい！」と叱られた新人がいました。彼女が着てきたのは、Tシャツ素材のタンクトップ1枚。

今となっては笑い話ですが、制服がある職場から転職してきた彼女にとって「普段着ならなんでもいいんですよね？」という認識だったようです。

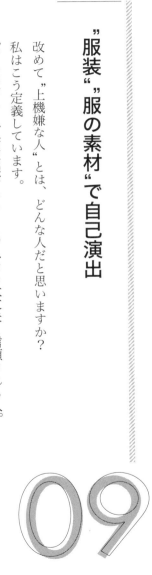

普段着にもほどがありますよね(そんな彼女との付き合いは早25年。ネタにしてごめん)。

ひょっとしたら、私たちも似たような認識で服装を選んでいるかもしれません。

ビジネスシーンで失礼のない「この人はデキる!」と印象づける服装の基本。

あなたが**管理職で格を高く見せたいなら、**スーツの素材はウールが入った上品な艶のあるものを選びます。**柄はないほうが格上の印象になります。**

また、パンツよりスカートを選びます。なぜなら、パンツはアクティブな印象があるので、管理職よりも「動きますよ」という一般社員にマッチするからです。以前、管理職がパンツ、部下がスカートで商談先に同席した際、先方に役職を逆に判断されたという話を聞いたことがあります。

ジャケットの襟は、誠実に見せたい時はテーラード、エレガントに見せたい時はノーカラーを選ぶといいでしょう。ソフトに見せたい時は、とろみのある柔らかな素材のブラウス、パリッと見せたい時は、アイロンを利かせたコットンのシャツを選びます。

こんな風に**シーンに合わせ自己演出ができると「一目置かれる」こと間違いなしです。**

TIPS
09 上機嫌な印象を身につけるために、シーンに合った服の素材を選ぼう

10 オトナ女子はどんな時もワキを締める

見ていて気持ちのいい服装、振る舞いの人は周囲を幸せな気分にします。

私がマナーの基本を学んだ岡田有未先生はこう教えてくださいました。

「マナーは自他ともに幸せにします。自他ともに幸せにするのがマナーです」。

「一歩外に出ると、自分は街の景色の一部であると心得、美しく振る舞いましょう」。

振る舞いといっても、職場の訪問先、来客対応時、食事の場面、冠婚葬祭など、具体的なシーンは数えきれないほどありますね。

その中でもよく見かける、オトナ女子として〝NGな振る舞い〟をご紹介します。

まずは、〝これ〟をやめること。ここは確実に押さえておきましょう。

やめるべきこと、それは〝ワキを開ける〟こと。

その代わりに、やるべきことは〝ワキを締める〟ことです。

私も、これを教わる前は、自分や人のワキが開いてるか、閉じているか、なんて気にも留めなかったものです。ですが言われてみればなるほど。

下品に見えるか、品よく見えるか、印象がまったく違うことに納得です。

たとえば、何人かで一緒に写真撮影をする場面で、大きくワキを広げてピース。若い女の子なら元気で可愛らしいのですが、大人がすると美しいものではありません。ここは、ワキをキュッと締めて、小さくピースといきたいものです。

スタバでコーヒーを飲む時も、よく見かけます。

「それはビールの大ジョッキですか？」くらいの勢いでワキを開けて、カップを口元に運ぶ姿。あ〜なんてオトコマエ。

この仕草になってしまうのは、手の動かし方に原因があることがわかりました。

カップを口に運ぶまで、肘から手の甲までが、一直線になっているのです。

品よく美しく振る舞うにはこうします。エアーでもいいので一緒にやってみましょう。

ワキを締めて腰を立てます。そしてカップを手に持ち、口元に到達したなら、手首を顔の方にスーッと傾けます。

そうすると、とても美しくコーヒーを飲むことができます。

先生曰く「ワキを締めると腰を立てるはワンセット」。さっみんなで復唱です。

TIPS

10

上機嫌な振る舞いを身につけるために、いかなる時もワキは締めよう

11 とにかく軽やかに動く

上機嫌な人は、フットワークが軽く空気がサラサラと動いています。

不機嫌な人は、足におもりがついたように空気が重く止まっています。

軽やかな人は、気持ちも行動も臨機応変に変化を楽しんでいます。

万が一失敗しても「ダメなら仕切り直せばいいさ」と切り替えるのが上手です。

不機嫌な人は、今まで通りが大好きで変化を拒みます。

失敗したくないので、結局何もチャレンジすることができません。

「この仕事、あの人にお願いしてみよう」。声をかけたくなるのはどちらでしょうか？

チャンスが舞い込んでくるのは、どちらでしょうか？

間違いなく後者なのはわかりますね。

そうはいっても、誰だって失敗はしたくないし、いつも通りがラクなので、できれば現状にとどまっていたいものです。

これには、残念ながら”これを飲めば一発で効きますよ“といった特効薬はありません。

私を含め多くの人は、仕事や日常の中で今までのやり方に変化を求められた時、”やらなくていいよー“スイッチが作動する仕組みになっています。

「失敗したらどうするの？」「やったことないんですけど」「リスクがあるんじゃないの？」

動きたくないので、”それっぽい言い訳“を考え始めるのです。

そして、「今までのままでいいじゃん」に落ち着いてしまいます。

これでは、空気が淀んだ不機嫌な人になってしまいます。

ところが、そんな中でも「はいはい！やってみます」と、軽やかに動ける人がいます。

その人たちはいったいどうやって、フットワークを軽くしているのでしょう？

上機嫌な人は、空気が循環し澄んでいます。本人が空気清浄機の役目をしているのです。

チャンスの神様は、綺麗なところに訪れると言われていますね。

あなたに新しいことが巡ってきたら、つべこべいわずに”とにかく動く“。

「面白そう！とりあえずやってみよう」「失敗して当たりまえ、うまくいったら、儲けもの」。そのくらいの精神でいくと、気がラクですね。

声をかけられてスッと動ける人は、上機嫌力があり、気持ちのいいものです。

TIPS

11

上機嫌な振る舞いを身につけるために、とにかくサッと動いてみよう

12 最後を美しく終える

”立つ鳥跡を濁さず“という言葉があるように、立ち去った後も美しい人は、とても心地よく品格を感じます。この言葉の意味は大きく分けて2つあるようです。

ひとつは、”後始末をしっかり“。掃除や整理整頓などをして、元通りにする。

もうひとつは、”引き際は潔く“。これには、未練なく、迷いなく、人や場所への感謝といった、自分のきっぱりとした気持ちや、日本的な美意識も含まれているそうです。

私の知る限り、**”上機嫌力“の高い人は”終わりが美しい“のです。**

プロゴルファーの石川遼さんの話は有名ですね。洗面台を使用した後は、水滴を綺麗に拭き取り、その場を後にするそうです。「次に使う人が気持ちいいから」と語っていました。

私は、大阪梅田の阪急阪神百貨店が好きでよく利用します。

特に5階のブルガリ イル・カフェ横の洗練された空間のトイレがお気に入りです。

左奥には半個室のようなドレッサーがいくつもあり、メイク直しも気分があがります。

ところが、ハイブランドフロアで上品な方が多いにもかかわらず、嫌な気持ちになることがありました。”終わりが美しくない“人に遭遇したのです。

「メイク直しでもしよう」と、空いたドレッサーを見つけて座った時のこと。その汚さに驚きました。テーブルの上にはお菓子のゴミや、ファンデーションの粉が散乱していたのです。さっきまで座っていた女性は、ハイブランドの服を纏った美しい方でした。上品そうに見えた女性の印象は一気にガタ落ち、もはや下品にしか感じませんでした。

一方、近所の小さな電気屋さんの繁盛の秘密は、〝**終わりを美しく**〟にありました。

家電は大手で安価に購入するのが主流にもかかわらず、そのお店はお客さんに困っていません。リピートのお客さんが多い繁盛店なのです。

エアコン工事の後、ほとんどの業者さんは、不要な部品や箱を回収して終わり。床に飛び散った削りカスを掃除するのは住人の仕事です。ところが、この電気屋さんは違います。床を綺麗に拭いて仕事終了なのです。電気屋さんのモットーは、〝**来た時よりも帰った後のほうが綺麗**〟。人となりが見える、小さな電気屋だからこそ最後まで美しく、を心がけているそうです。帰った後の方が綺麗なんて、気分がいいに決まっています。

だから「今度もお願いしますね！」とリピートのお客さんが絶えないのです。

TIPS

12 上機嫌な振る舞いを身につけるために、はじめより終わりを美しくしよう

13 お辞儀は丁寧に1回だけでいい

お客様を前にしたビジネスパーソンがやりがちですが、”あまりスマートに見えないなぁ“と感じる行動があります。

「本日はどうもありがとうございました」ペコペコ

「今後ともどうぞよろしくお願いいたします」ペコペコ

「こちらこそ、どうぞよろしくお願いいたします」ペコペコ

「それでは、失礼いたします」ペコペコ

「失礼いたします…」ペコペコ

ありきたりな光景ですが、あえて文字にしてみるといかがでしょうか？

「いったい、何回ペコペコしてるんだろう？　謝っているみたいじゃない？」と感じませんか？

相手に失礼のないように、丁寧な対応を心がけているのでしょうが、傍からその姿を見ていても、正直カッコいい姿とはいえません。

あなたも1度や2度、こんなシーンに、出くわした経験はあるでしょう。

1階で降りようと乗っていたエレベーターが途中の3階で開くと、2人の人影が。開いたドアの前で、2人のお辞儀合戦が始まります。

ドアの「開」を指で押さえながら、「早く、1階に降りたいんだけどなぁ」。

タクシーの乗車を見送る際にも、同じような光景を目にします。

歩道を歩く人が、お辞儀合戦に巻き込まれて渋滞していることもありますね。

相手は「いえいえ、もうここで結構ですよ～」と困惑した様子です。

一見、丁寧で心配りをしているようですが、実はこうしている間にロスが生じています。

相手や、巻き込まれた人の"時間泥棒"をしていることにもなるのです。

おまけに、**ペコペコ何度もするお辞儀は、あなたの格を下げてしまいます。**

それよりも、顔を見て笑顔を浮かべ、「本日はお時間を頂戴しましてどうもありがとうございました。今後ともどうぞよろしくお願いいたします。それでは失礼いたします」と言葉を交わし、**丁寧なお辞儀を1回するほうが、ずっとスマートで素敵です。**

相手もこう対応されたほうが、大切にされていると感じ、上機嫌になります。

TIPS

13 上機嫌な振る舞いを身につけるために、回数よりも丁寧さを感じるお辞儀をしよう

14 名刺交換は、相手の目をみてフルネームで

「この人、名刺交換しただけで大好きになってしまった」。

名刺交換の振る舞いひとつで、好印象を与え、相手を上機嫌にすることができます。

私は講演講師として日本全国に足を運ぶ機会があり、数多くの方と名刺交換をさせていただくのですが、みなさま礼儀正しい大人のビジネスパーソンばかりです。

ただ、9割以上の方は良くも悪くもスマートで"ソツがなさすぎる"のです。

「△社の川上と申します。どうぞよろしくお願いいたします」。

ソツがないため、強く印象に残るかといえば、特別そうではありません。

そんな中「この人、魅力的」と名刺交換だけで、心を鷲掴みにされる人がいます。

"ソツがない方"との違いは、**"品格とかわい気"がプラスαされている**こと。

誰しも初対面の場は緊張するものです。それをフワッと緩めてしまう名人なのです。

過去に印象に残った、お二人の名刺交換のお話です。

「△社の、川上三郎と申します。三本川の川に、北島三郎の三郎です。次男なんですが、なぜか親が三郎とつけたんですよ。ハッハッハ〜。仕事に関係ない話でしたね、どうぞよ

ろしくお願いいたします」。

”次男なのに三郎さんって～“が私の脳内にインプットされます。

「△社の代表をしています、山下力夫です。”りきお“の”お“の字は、”男“ではなく”夫“です」といいつつも、名刺入れからなかなか名刺1枚がつかめません。

「いやぁ～この歳になると指の水分がなくなってカラカラですよ～。アハハハ～」。

思わずこちらの緊張もほどけ、やわらかな雰囲気に。

品格とかわい気のある、上機嫌力の高いお二方の共通点はこうです。

・目を見てフルネームを名乗る・クスッとなるちょっとした雑談を入れる

一方、無難すぎる人は・名刺を見て苗字だけを名乗る・用件のみ。

「そうはいっても、社長や重役でもないのに、フルネームや雑談なんて恥ずかしい」。

慣れないうちは少し照れくさいかもしれませんが、とにかく実践してみてください。

私もマネをしていますが、相手の方の表情がふわっとほどける瞬間が、たまらなく心地いいものです。距離も一気に近くなり、お互いに上機嫌になること間違いなしです。

TIPS

14 上機嫌な振る舞いを身につけるために、自己紹介はフルネームと雑談をプラスしよう

15 目指すは"余韻"を残すオトナ女子

ここまで、上機嫌な印象・振る舞いを身につける方法をお伝えしました。

まとめると、こんな感じでしたね。

姿勢を美しくすることを心がけよう、まずはここから。

あなたのオーラはデコルテからビームが放たれます。

また、働き方に急激な変化が起こっている中、マスク越しでもモニター越しでも、"なんか雰囲気いいよね～"と相手に伝わる表情のつくり方、笑顔のつくり方がありましたね。

さらに、間違った服装や色選びで、あなたの印象を残念な人にしていないか、チェックする必要があります。

場に相応しい服装や色を選ぶことで、「この人なら安心」と信頼感を持ってもらえます。

あなたの印象は、視覚だけでなく、音や"ノイズ"などの聴覚からもつくられます。

あなたが無意識に出す"ノイズ"で、不機嫌のレッテルを貼られないように。

そのためには、"先"に注意を向ける。

加えて、終わりを美しく締めることが大切でしたね。

そして、ビジネスシーンで日本人がついやってしまう動作、やたらとペコペコお辞儀をすることも、スマートではありません。

名刺交換は、目線を名刺に落としがちですが、これでは名刺に挨拶をしているようなもの。そうではなく、相手の目をしっかり見て"フルネーム"プラスα"雑談を入れる"。

そのプラスαができる人は、相手の緊張をほぐす名人。

場の空気を温め、周りを"上機嫌"にしてしまう力があるということでした。

"とにかく軽やかに動く"の項でお伝えしたように、とにかく"動く""実践"することが大切です。これらを実践すると、「あの人感じがいいね」「あの人と一緒に仕事がしたいね」「あの人なら安心して任せられるね」。そんな風にいい印象が残り、思い出してもらえます。

それは心地よい"余韻"を残す女性だと思っています。

そのために1番即効性があるのが、"印象・振る舞い"です。

目指すは"余韻を残すオトナ女子"。

上機嫌力で変化した自分のイメージを膨らませ、楽しんでいきましょう。

TIPS

15 上機嫌な印象・振る舞いを身につけるために、余韻を残す自分を心がけよう

第3章

上機嫌な「会話術・対応力」

16 相談事はリラックスした表情で聴ききる

雑誌で読んだ、某大手ＩＴ企業のある幹部の方のお話。

その方は、社内ダントツで社員さんから相談事を持ちかけられるそうです
（失礼ながら、お名前は失念してしまいました）。

相談に乗ってもらった社員さんの多くは、晴れやかな顔をして足取り軽く帰って行かれるそうなのです。

代表はその方について、このようなことを語っておられました。

「彼の周りには僕が嫉妬するくらい、人が集まってくるんですよね。きっと彼が持つ、軽やかさが人を惹きつけるんだろうと思うんです」と。

唐突ですが、あなたは悩み事を聞く時、どんな風に相手の話を聞いていますか？

また、逆の立場なら、どんな風に相手に聞いてもらいたいでしょうか？

私は、〝相手の話は、真剣に真正面から聞く〟のが望ましいと思っていました。

ところが、その幹部の方の心がけを知り、認識が変わりました。

「相談事には、だいたいが切羽詰まった状態でやってきます。そんな時にこちらが、重々

しく"深刻な面持ち"で接するとどうでしょう? なんだか悩み事がどんどん深刻で大げさなものになっていく気がするんですよね。ですから僕は、**わざとリラックスしたカジュアルな雰囲気で"ふんふん、それで?"と話を聞く**ようにしているんです。そうすると相手も"ドツボにはまり深く考えすぎていた"という事に気づき、"もう少しやってみます!"と軽やかになるみたいですよ。僕が重々しくないから、みんなも話しかけやすいんじゃないですかね~」。

その話を読んで、「言われてみればその通りだな」と気づきました。

相談をし「なんだか力が湧いてきた」と気持ちが軽くなる人は、確かにこんな感じです。

そして、こうもおっしゃっていました。

「もう1つ心がけていることは、**相手の話を遮らないで、最後まで聴ききる**ことです。どうしても口をはさみたくなりますが、そこをこらえるんです。最後まで話すだけで勝手に気が晴れちゃう人もいますからね」と。

リラックスさせ、安心感を抱かせる見事な会話術、まさに上機嫌力のなせるワザですね。

TIPS

16 上機嫌なコミュニケーションをとるために、相談事は軽やかな表情で最後まで聴こう

17

会話の中に相手の名前を入れる

上司や仲間から「お願いします」と仕事を依頼されることがあります。

その時、「はい、これですね。わかりました。いつまでに仕上げたら間に合いますか？」と素直に動きたくなる相手と、「えっ、私ですか？　しまった！　運悪く通りすがったから依頼されちゃった～」と渋々引き受ける相手がいませんか？

普段の会話の中でも、「気分がよくなって、つい関係のないことまで話しちゃった」と話が盛り上がる相手と、「その話、私でなくても誰だってよくない？」とイマイチ話が盛り上がらない相手がいます。

仕事を気持ちよく引き受けたくなる人、相手を心地よくして会話を盛り上げる人は、会話の中であるテクニックを使っています。

拍子抜けするほど、超簡単なテクニックです。

それは、”**会話の中に相手の名前を入れる**“です。

「”今蔵さん“確かこれと同じファイルなかったかな？”今蔵さん“なら知ってると思って」。そう言われると、「ありますよ、少しお待ちください。お持ちしますよ」となります。

TIPS
17 上機嫌なコミュニケーションをとるために、相手の名前を話の中に入れよう

一方これが、「ちょっと、ちょっと、これと同じファイルなかった？」だとどうでしょう？

「私、知りませ～ん」と、知っていても思わず意地悪にいってしまいそうです。

名前を入れて会話をされると、〝自分に向かって話をしてくれている〟と感じます。

自分に向き合って、敬意を払って接してもらっている感じがしませんか？

一方、名前を入れずに言われると、〝私のこと、知っているのかな？ もしかして知らないとか？ 誰でもいいんじゃないのかな？〟と敬意を感じることはありません。

ジャニーズの井ノ原さんは、上機嫌力がとても高い人です。

テレビで後輩が、井ノ原さんの人柄がにじみ出るエピソードを話していました。

井ノ原さんは、数多くいる後輩の名前をよく覚えておられるそうです。ある日、名前を呼んでもらえたその後輩は、〝まさか自分の名前を覚えてくれているなんて！〟と感激。あまりの嬉しさに、自分も同じように後輩の名前を覚えよう！ と誓ったそうです。

名前を呼ぶことは、〝あなたのことを知っていますよ〟のサインです。

呼ばれて嬉しくない人はいませんね。

18 会話には「間合い」を忘れない

ある日の深夜、テレビをつけるとマツコ・デラックスさんの番組にＪＹＰさんがリモート出演されていました。

ＪＹＰさんといえば、アイドルグループ、NiziU をプロデュースしたことで有名な方です。

時々韓国語を交えながらも、ゆったりとした丁寧な日本語でマツコさんとの会話が進んでいます。

マツコさんが人の話をうまく聞き出す、会話名人なのは言うまでもないのですが、この日はとりわけ、「さすが～、質問もリアクションも抜群に上手で、ＪＹＰさんもノリノリで話しているな」と感じていました。

番組の後半ＪＹＰさんが、このようなニュアンスの話をされていました。

実は、番組への出演が決まってから、とても緊張されていたそうです。

というのも、日本の方たちにとってご自身はなじみのない人間であり、また日本の番組には慣れていないので、流れの予想がつかなかったから、とのことでした。

ですが、収録が始まってみると、マツコさんが特別であることがわかったそうです。話をされるスピードが普通の番組よりも〝ゆったり〟としていると。

そのゆったりしたテンポが、ＪＹＰさんをリラックスさせてくれたそうです。

そして、これをマツコさんに伝えたかったとおっしゃっていました。

私はこのくだりを耳にした瞬間、〝忘れないように〟と即刻スマホにメモをしました。

私達は会話をする際、〝間〟を恐れてしまいがちです。

シーンとなった瞬間「わっ、気まずい、何か話さないと」と、あせって言葉をかぶせてしまうことがありますね。

特に1対1の会話の場合は、**言葉を投げかけたあと、相手からこちらに言葉が戻ってくるまでは〝相手の時間〟と心得ることが大切**かもしれません。

相手の言葉を待つ〝間〟が、相手への思いやりになり、相手も本音を語りやすくなり、お互いのことを理解しあうことができるのです。

お二方の対談から、会話に温かな〝間〟を入れることの大切さを学びました。

TIPS
18 — 上機嫌なコミュニケーションをとるために、相手が話しやすい〝間〟をつくろう

19 会話は相手のテンポに合わせよう

会話には〝間〟を入れよう、そう語った直後に、今度は〝テンポ〟の話です。

結局どっちなの？　ですが、会話に〝間〟が必要なように〝テンポ〟も必要なのです。

テンポというよりは〝リズム〟といったほうが、イメージしやすいかもしれません。

上機嫌力の中で欠かせないことのひとつに〝相手への心遣い〟があります。

上機嫌な会話では、相手のテンポに合わせることが〝心遣い〟なのです。

ただ、心地いいと感じるテンポは相手によって異なるので、その見極めが肝心です。

コーチングでは、〝ペーシング〟といって相手の呼吸、動作、言葉に自分を合わせる手法があります。いくつか種類があるのですが、ここでは相手の声のトーン（高い・低い）、テンポ（早口・ゆっくり）・ボリューム（大・小）、リズムを観察し、相手に合わせていく会話方法を使います。これを身につけると、類似性の法則といって、安心感や親近感をもたれやすく、仕事や家族、恋人との関係がより円滑にスムーズになります。

あなたにも経験があると思いますが、自分はゆっくり話すタイプなのに、相手が早口だと、テンポのズレでイライラしたり違和感を持ったりします。逆もまた然りですね。

人は自分と似た人に安心感を抱き、一緒にいたい、心地いいと感じるのです。

具体的な方法として、まずは**相手を観察しタイプを見極めることが必須**です。

・**ゆっくり話す人**には、ゆっくりと、**早口な人**には、早口で速度を合わせます。

・**高い声で話す人**には、高めの声で、**低い声の人**には、低めの声で話します。

・**"間"がたっぷりある人**には、同じように"間"をとります。

・**声が大きい人**には、大きめ、**小さい人**には、こちらも小さく話します。

たとえば、テキパキ指示をする上司には、こんな風に対応するとバッチリです。

上司「○○さん、大至急これを処理してください！」早口で。

あなた「はい！　わかりました！　大至急やります！」早口でテキパキ。

落ち着いた低い声で、じっくり指示をする上司の場合はこんな風に。

上司「○○さん、大至急これを処理してください」低めのゆっくり口調で。

あなた「はい、かしこまりました。早速とりかかります」落ち着いた口調で。

これだと違和感なく、「よし、大丈夫」と安心感を抱いてもらえること間違いなしです。

TIPS

19 — 上機嫌なコミュニケーションをとるために、相手のリズムをつかんで合わせよう

20 人と話す際はSNSの通知をオフに

食事中にテーブルの上にスマホを置くのはマナー違反です。

一流レストランだからNGで、ファミレスだからOKなのではありません。テーブルにスマホを置き、チラチラ見ることは、シェフや料理に対して失礼ともいえますが、1番失礼なのは〝相手〟に対してです。

かくいう私も、ついつい食事中にスマホをチェックしてしまい、反省の日々です…。

これは仕事中でも同じです。

会議中、打ち合わせ中、面談中、よほど緊急で重要な連絡を待っている時以外は、**スマホはカバンの中に入れておくことがマナーです。**

私は、〝人の行動を観察するオタク〟なのですが、スマホの扱いひとつでその人の人となりがわかると思っています。

ホテルラウンジで商談シーンを見ていて「スマートな商談風景だなぁ、素敵！」と感じる人は、落ち着いて話をしています。テーブルの上にスマホはありません。

「それはダメでしょ」。そう感じる人は、スマホを手放せません。

テーブルの上のスマホをチラチラ、その間にもピコ〜ン、ピコ〜ンとＳＮＳの通知音が。スマホが気になって、集中力は散漫なはずです。

しまいには「あっ、ちょっとすいません。もしも〜し！」と相手を残して席を離れる。相手も相手で、その隙にすかさずスマホチェックです。

これで、建設的なビジネスが成立するのだろうか？　素朴な疑問が湧いてきます。

もっと面白いのは、カップルです。２人揃ってスマホならまだしも、彼女をほったらかしにして、ゲームに夢中になっている彼氏。愛する人より大切なんでしょうか？

彼女は「いい加減にしてよ！」と怒って帰ってしまう、なんて光景も。

スマホの普及で便利になった反面、目の前の「人」への気遣いが欠落してしまっています。しかも、それが当たりまえのように習慣化されてしまっている。

人と話をしている時間、大切な人と過ごす時間、食事をしている時間は、着信音をオフにして、目の前の人に集中し、お互いが上機嫌な時間を過ごせるように対応しましょう。

TIPS

20 — 上機嫌なコミュニケーションをとるために、スマホより目の前の相手に集中しよう

21 あいさつは体ごと相手に向けて

「ねぇねぇ、私の話、ちゃんと聞いてくれてます？」

「顔も見ずに"お疲れさま"って言われても、ねぎらいの言葉に思えない」。

「私でなくて、パソコンに"おはよう"ってあいさつしてるの？」

部下が上司に感じる"これってどうよ？"の意見交換会の中で、よく出る言葉です。

当然ながら、部下が上司に思うところがあるように、上司も部下に、思うところはいろいろとあります。

ですが、お互いの言い分を俯瞰して見ると、「結局、立場が変わっても、お互いが思うツッコミどころは変わりないのでは？」と感じます。ほとんどの方は悪気なく"無意識"に相手が失礼だと感じる対応をしてしまっているのです。

以前、全国に数十軒のレジャー施設を運営する企業様で、リーダー研修をさせていただいた時のことです。ある店舗の責任者の方から次のような質問を受けました。

「忙しいのと時間が不規則なのとで、スタッフさんと会話をする機会がほとんどなく、大きな壁を感じています。うまくコミュニケーションがとれる方法はありませんか？」

そこで私は、「あいさつはどんな感じでされていますか？ 普段通りやってみてください」とお願いしました。その様子を拝見すると、「やはり！」予想通りの絵にかいたような〝塩あいさつ〟でした。背中を向け、パソコン入力しながら顔も見ずに「お疲れさま〜」。

そこで、まずはスタッフさんへのあいさつを徹底的に変えましょう！ とご提案しました。実践はいたってシンプル。

手を止める、体を相手に向ける、顔を見て笑顔で「お疲れさま」。以上です。

ひたすらこれを実践してくださいとお伝えしたところ、1か月後にうれしいご報告をいただきました。

「今蔵さん、すごいです！ すごい変化です。スタッフさんが雑談や相談をしてくれるようになったんです。急に態度が変わったので、初めはお互い戸惑いがあったんですけど、すぐにいい空気に変わりました。今までの僕の態度でどれだけ損していたんでしょうね。気づいてよかったです。他店のみんなにも伝授します」と。

たったこれだけのことですが、できているか、いないかで、大きな違いになりますね。

TIPS

21 上機嫌なコミュニケーションをとるために、手を止め、顔を見て、笑顔で挨拶しよう

22 チームの仕事は「私」ではなく「私たち」

「この人と一緒なら頑張れる！」とチームのモチベーションをあげるのが上手な人がいる一方、「なんだかなぁ〜」とやる気をさげる人がいます。

モチベーションをあげることが上手な人は、間違いなく上機嫌力が高い人です。

どんな仕事をしていたとしても、その先には"人"がいますね。

一人仕事で完結する仕事であっても、エンドユーザーと直接接点がなくても、その先にはサービスを利用してくれたり、モノを購入してくださったりするお客様がいます。

「この人と一緒なら頑張れる」、そんな上機嫌力が高い人は、仲間、お客様をひっくるめて"チーム"だと思って仕事をしています。

こんな風に**人を巻き込むことができる人がよく使う口ぐせがあります。**

それは"私たち"という言葉です。

一方、「なんだかなぁ〜」の個人主義な人がよく使う言葉は"私は"です。

わずかな違いですが、印象はこうも変わります。

「"私"の仕事は、情報を提供し、お客様に喜んでいただくことです」。

「”私たち“の仕事は、情報を提供し、お客様に喜んでいただくことです」。

”私たち“といわれると「自分も一緒だ」という、一体感が生まれませんか？

一体感が生まれると、協力しあうという組織風土になり、求心力（組織を安定させる力）が働き、**チームが安定します。**

一方、”私は“の個人主義だとどうでしょう。

”自分一人でやっている感“を醸し出し、「勝手にどうぞ」と思ってしまいます。

「そういわれてみると、無意識で”私は“を使っているかもしれない…」。

そう思ったあなた、大丈夫です！

”私たち“を使っている人はほんの一握りの方です。

些細な言葉の使いまわしなので、気づいていない方がほとんどです。

”私は“を”私たち“に変換する、新ワザを覚えたところで、「よ～し、これからは”私たち“にするぞ～」と、今からどんどん使っていけばいいのです。

上機嫌力の高さは、みんなが気づかない些細なことの積み重ねでできているものです。

TIPS

22

上機嫌なコミュニケーションをとるために、「私たち」と考え、言葉にしよう

23

常に自分やチームを"鳥の目"で見よう

リモートワーク、会議、出社日、締め切り日、メール、クレーム。

日々、多くの仕事や情報に追われていると、視野が狭くなりがちです。

目先のことばかりに捉われると、自分以外の仲間、仕事に目を向ける余裕がなくなります。余裕がなくなると、心はカサカサとささくれだってきます。

できればこんな負のスパイラルには、はまりたくないですね。

そのためには、**空高くから広い視野で物事を見る"鳥の目"を持つ**ことです。

まさにこの人は"鳥の目"を持っているんじゃないかな? そんな人がいます。

大阪で人気の味噌ラーメンのお店を経営している、オーナーさんと店長さんのお話。

ここでバイトをしている知人の学生さんからよく話を聞くのです。

オーナーさんと店長さんはどんなに忙しくても、お客さんのことはもちろん、スタッフのみんなのこともよく見てくれているそうです。

「今日の外国人への声かけ、すごくカッコよかったわ」「ややこしそうなお客さんに、上手に対応してくれてたな」「外で待ってるお客さんへの気遣い、勉強になったわ」など。

学生さん曰く、「超多忙なのにちゃんと見てくれていて、言葉にして感謝を伝えてくれるから、うれしくなって、もっといろいろ工夫しよう！って思えるんです。自分も社会人になったらマネしようと思っています」と。人材確保で多くのお店が苦労する中、このお店は9割の学生さんが卒業までバイトを継続するのだそうです。

あなたも職場やプライベートを〝鳥の目〟で見るようにすると、「あ〜こんなところで頑張ってくれている人がいたんだ」「気づかなかったけど、ここが整理整頓されているのは、この人のおかげなんだ」「この仕事のやり方では、はかどらないはずだな」。

狭い視野から解放され、新たな視点での発見を得ることができます。

ちなみに、「よしっ！発見したぞ」のままでは、何も変わりません。

発見できたら、〝声にして感謝を伝える〟〝どうしたらもっと良くなるかを考える〟〝こうしたらどうかと提案してみる〟など、何かアクションを起こしてください。

高い位置から鳥の目で、あたりを見渡す。そして発見があったら、言葉にする、行動する。

そうすることで、あなたの周囲で素敵な循環がはじまります。

TIPS
23
上機嫌なコミュニケーションをとるために、鳥の目で見て感謝を言葉にしよう

24 オンライン会議中は仲間の変化を3倍の力で察知

これからは、ますますオンライン上での仕事が加速するでしょう。

今はまだ、画面上でのやりとりに慣れている方、不慣れな方が混在している状況なので、ギクシャクするのは当たりまえですが、今後は、**より気配りができ、気持ちのいい対応ができる人が評価される**のでは、と感じています。

私が今まで、オンラインの経験を通して「ギクシャクするな〜、イライラするな〜、気になるな〜」、そう感じたエピソードをお伝えしますね。

リアルでも一人独演会状態になってしまう〝時間の独り占め〟をする人はいるものです。

これが、オンライン上になるとまさに地獄です。

どうしても、自分の画面に映る自分の顔、声、耳に集中しすぎてしまうために、周囲が見えなくなってしまいがちです。

進行「一人、３分で意見をお願いします。では今蔵さんからお願いします」。

「３分は結構長いなぁ〜何を話そうかな…」なんていって、話し始めると気づけば10分経過し、完全にタイムオーバー。

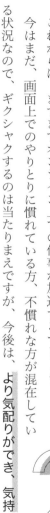

その間、みんなは口をはさむきっかけもつかめずに、モウロウとしながら聞いている。質問をしようと何度も手をあげたり、合図を送っている人がいるのに、目に入らずスルー状態で進むこともありました。

他には、早口すぎて何をいっているのか聴き取れない人や、声が小さすぎて聞こえない人、一度も発言しない人がいることもあります。

参加している人が、置いてきぼりにならないよう配慮することが必要です。

この人は発言したかな、聞き取りにくそうにしているかも、時間配分は大丈夫かな、ソワソワしているから、この後予定があるのかも、など。

ここであなたが発揮するのは、アレです！"鳥の目"です。

鳥の目で、画面の中のみんなを見渡して、ギクシャクしていないか、チェックします。

「○○さんが質問があるようですよ」「△△さんはいかがですか？」「時間がオーバーしそうですが、この後予定がある方は？」上機嫌に軽やかに、発言してみましょう。

「おかげで助かった、ありがとう」と感謝され、会議が実りあるものとなるでしょう。

TIPS

24

上機嫌なコミュニケーションをとるために、置いてきぼりがいないか目配りしよう

25 タイプによってリマインダー方法を変えよう

同じ日程、集合場所、準備物の案内をしているのに、いざ当日になると、
Aさん「日にちを勘違いしていたので、不参加でお願いします」。

Bさん「10分遅れるので先に行ってください」。

Cさん「しまった、この資料がいるんだったっけ？　用意してないや」。

決まってこんな事態を起こす顔ぶれはいませんか？

「またですかぁ〜！　もうAさん仕方ないなぁ」「Bさんらしい、いつもの遅刻ですね」「忘れてくると思ったから、Cさんの分も用意してきましたよ」。

このようなタイプの方は、"愛されキャラ"であることが多く、周囲が優しくフォローしてくれるので、甘えてしまい"つい"また同じことをやらかしてしまうのです。

"困ったちゃん"に手を焼くことは、できれば勘弁願いたいものです。

上機嫌力の高い人は、"困ったちゃん"への対応が"神対応"です。

タイプ別によって、リマインダー方法を工夫しているのです。
・**日程を間違えるうっかりさん**には、メール・メモ書き・3日前・前日に再確認する。

・**遅刻魔さん**には、メール・メモ書き・前日・当日の集合時間の1時間前に再確認する。
・**忘れん坊さん**には、メール・メモ書き・口頭・前日・当日の朝に再確認する。

工夫することで、自分を含めチームも困惑することなくスムーズに仕事を進めることができます。少々世話が焼けますが、当日になって、あれやこれやと振り回されるよりずっと平和でいいですからね！

「そういえばBさん、最近遅刻しなくなったね！」「Cさん忘れ物減ったね！」

上機嫌力の高い人は、恩着せがましくなく、さりげないのです。

ちなみに"困ったちゃん"でなくても、**伝達時に押さえておきたい4項目があります。月・日・曜日・時刻です。**たとえば【3月3日（水）17時】と記載します。

・【来週】だと、今週か来週かは人によって認識にズレがあります。
・【3日】だと、今月か来月かわかりません。日と曜日が連動していないこともあります。
・【5時】だと、15時と聞き間違えることがあります。

このような、間違いが起こりやすい表記は極力使わないようにしましょう。

TIPS

25 上機嫌なコミュニケーションをとるために、タイプ別リマインダー方法を攻略しよう

26 質問は一旦自分の頭で考えてから

「わからないことがあれば、いつでも質問してください」。

上司にそういわれたからといって、〝疑問点があれば何でもすぐに上司に質問〟をしに行くことはありませんか？

・上司がそういってくれたから素直に聞きに行こう。

・ミスをしたら大変なことになるから、確認しておこう。

おそらく、そう思って質問をしに行っているのだと思います。

ですが、上司に**「いちいち質問しに来ないで、自分で考えなさい！」**なんていわれ、目がテンになることがあるかもしれません。

「え〜っ、なんでも質問してっていってたのに〜、どういうこと？」

「ミスしないようにと思って、わざわざ確認したのに、意味わからない」。

「これって、意地悪？　もしかして、ちょっとしたパワハラ？」

そう判断するのは少し早いです。

おそらく、**上司はあなたを〝主体性のある人〟に育てようとしているのです。**

大御所が若者に感じるとされる「最近の若い世代の人は、一から十まで教えないといけない」「指示したことしかやらない」ということに重なる部分でもあります。

あなたが上司にする質問の仕方に対して、自問してみましょう。

・自分で一旦考えてみたかな？
・自分なりに調べてみた結果、この部分がわからないなど、質問に具体性はあったかな？

もしかしたら、**何も考えずに子供がお母さんに「なにこれ？」と尋ねるようなことは、していませんでしたか？**


もし、思い当たるフシがあるとしたら、挽回のチャンスです。なんでも質問する人は、まじめに仕事に取り組んでいる人です。こんな風に質問の仕方を変えてみましょう。

「自分でいろいろと調べてみました。この部分までは理解できたのですが、ここから先の部分がどうしても理解できません。何かヒントをいただけませんでしょうか？」

「どれどれ、見せてみて。ここまで自分で考えてみたんだね。これはね〜」。

きっと上司は上機嫌で、あなたにアドバイスをくれるでしょう。

TIPS
26
上機嫌なコミュニケーションをとるために、質問は主体性を持ち具体的にしよう

27 ネガティブワードはいい言葉に自動変換

自分がグチやネガティブな言葉を発している時。

周囲を見渡すと、「○○さんって、ほんとムカつくと思わない？」など、同じようにグチをいう人を引き寄せてしまっている。そんなことはありませんか？

私の場合、他にも決まりかけていた仕事がキャンセルになってしまったり、良くないことが降りかかってきたりすることが多くあります。

自分が発した言葉は、そのまま自分にブーメランのように戻ってくるといわれています。

また、言葉には”言霊“といって、昔から、人の思いや願いを現実にする力があるとも語られているようです。まさしくその通りだと実感しています。

とはいっても、人間ですからシャクに障ること、ムカつくことは山のようにあります。

そんな時は、「ほんと、ムカつく！」「ありえない！」と、つい文句をいってしまいそうになりますが、”ネガティブ“な言葉を発していると、先にも書いたようにブーメランで自分に戻ってきてしまいます。これでは自ら不機嫌モードにまっしぐらです。

ここはサラリと上機嫌モードに切り替えたいものです。

そこでおススメなのが〝ネガティブワードをいい言葉に変換する〟ということです。

「あ～疲れた」↓「あ～頑張った」

「なんで私ばっかり！　忙しぃわ」↓「任されるって嬉しいことだわ」

「また、遅刻、いい加減にして欲しいわ」↓「この時間にメールのチェックができるわ」

「うわぁ～最悪！」↓「きっとこの後、もっといいことがあるわ」

「雨降りで鬱陶しいなぁ」↓「乾燥肌がしっとり潤っていいわ」

「ここのうどん、まずい」↓「いつものうどん屋さんの美味しさに改めて感謝！」

初めは「なんだか、私いい人ぶってない？」と違和感を覚えるかもしれませんが、これは〝慣れ〟です。**自動変換できるまで慣れていきましょう。**

「あの人はいつも気持ちのいい言葉をかけてくれるから、こちらまで気分がよくなる」。

「そういう風に物事を捉えることができると、心にゆとりが生まれるね。ありがとう」。

自動変換上手になると、あなたに〝いいことブーメラン〟が返ってくるようになります。

あなたのとっておき〝自動変換〟をメモに書き留めておくのもいいですね。

TIPS

27
上機嫌なコミュニケーションをとるために、いい言葉に変換する習慣を身につけよう

28

「すみません」より「ありがとう」といおう

あなたが人に何かしてもらった時、あるいは何かモノをいただいた時。

ぽろっと、あなたの口から出るのはどんな言葉でしょうか？

つい「すみません」といっていないでしょうか？

私たちは「すみません」という言葉を無意識でいっていることが多いのです。

よくよく考えると、どうして「すみません」なのでしょうね。

これではなんだか謝っているみたいです。

本来相手に伝えたい思いは「感謝」のはず。感謝の言葉は「ありがとう」です。

「すみません」「ありがとう」。受け取る言葉の心地よさの違いを感じてみましょう。

まずは「すみません」バージョンから。

相手の仕事を手伝い「できましたよ！」といった時、相手から「すみませんでした」。

「これ美味しいから食べて！」といった時、相手から「いいんですか？ すみません」。

次に「ありがとう」バージョンです。

相手の仕事を手伝い「できましたよ！」、相手から「ありがとうございます！」

「これ美味しいから食べて！」、相手から「ありがとうございます！」

違いを感じてみましたか？　さて心地いいのはどちらでしたか？

「ありがとう」の方が心地いいと感じる方が圧倒的に多いのではないでしょうか？

「あ～、手伝ってよかった」「喜んでくれて嬉しいな」「また次回も喜んでもらえるといいな」。そんな風に感じた方が多いはずです。

さぁ、さっそく今から「すみません」ではなく「ありがとう」にチェンジしましょう。

ここであなたに「ありがとう」の上級テクを伝授いたしましょう。
・ありがとう＋相手の名前＋気持ちを添えて伝えます。
たとえば、苦手なエクセルでの集計作業を手伝ってもらったとします。

「今蔵さんありがとう！　今蔵さんに救われたわぁ、実は泣きそうになってたもん」。

こういわれると、こちらは「やってよかった」「困った時はお互い様、またなんかあったら手伝うね」と感じ、お互いが上機嫌なムードに包まれます。

「ありがとう」は上機嫌にする魔法の言葉なのです。

TIPS

28　上機嫌なコミュニケーションをとるために、まずは「ありがとう」といおう

29

嫌な上司・同僚は好きにならなくていい

職場の悩み事のナンバーワンは、"人間関係"です。

性別も年代も価値観も異なる人の集まりです。嫌な人、苦手な人がいて当たりまえです。

私はこう思うのです。そこはパキッと割り切って"**数時間のそれぞれの役割だと思い、まっとうすればいい**"と。

誰だって同じ職場で過ごすなら、上司・同僚・部下とも円滑な関係でいたいし、本当のところは、できれば嫌われたくないなぁ、と思うものです。

ですが、そうはいってもどうしても嫌な人、苦手な人はいるものです。

自分が苦手な人から好かれようなんて思うと、メチャクチャ自分に無理が生じます。

私が若かりし生意気盛りの頃、とにかく嫌いな上司がいました。

その上司に対して、こちらから歩みよったり、好かれようなんて微塵も思わず、限りなく無反応に近い、"超塩対応"をしていました。

今思えば、未熟者で失礼な態度をとってごめんなさい、ですが、きっと上司も、かわい気のかけらもない私のことが苦手だったと思います。二人の相性は最悪でした。

一方、私の塩対応とは正反対の対応で、疲れ果ててしまった仲間もいました。

自分にムリをして嫌いな上司にひたすら合わせ、ストレスをため込んでしまったのです。

このような両極端の対応は、決しておすすめできるものではありません。

何の改善にもならないし、誰も幸せにはなりませんからね。

あなたにお伝えしたいこと。それは、**“嫌いな人、苦手な人には媚びなくてもいいし、好かれようとしなくていい”**ということ。

あなたの大事な時間をムダなエネルギーで使うなんてもったいないと思いませんか？

それぞれに与えられた任務として、勤務時間中、仕事を淡々とまっとうすればいいのです。嫌いな上司も、苦手な同僚に対しても、反発心むきだしにする必要もなく、好かれようと媚びる必要もありません。**淡々と仕事をこなせばいいのです。**

真面目で優しいあなた、嫌な相手のために、自分をすり減らすなんてもったいないですよ〜。

TIPS

29 あなたが上機嫌でいるために、嫌なアイツは淡々とやり過ごそう

30 ムカつく相手には「後ろ向きに考えまーす！」

上機嫌でいるには、自分を守るため〝少々の毒気〟が必要なんじゃないかな、と思うのです。

上機嫌なオトナ女子といっても、ニコニコと優しいだけではありませんからね。

そのための、しなやかな対応力を身につけたいものです。

仕事をしていると、理不尽でムカつく、嫌味をいう相手が一人や二人必ずいるはずです。

ですが、いちいち反応して腹を立ててはいけません。

嫌味な人の心理を知っておくと、あなたのほうが一枚上手でいられますよ。

代表的な特徴として、・嫉妬心が強い・他人を見下している・実は自信がない、などがあります。**自分を優位に見せたくてマウンティングしている、小心者なのです。**

これがわかっただけでも、気分はスカッとするものですね。

また、このタイプの大好物は、相手がしゅんとなったり、自分の思い通りに動いてくれたり、相手にイエスと言われた（正しくは、言わせた？）時です。

それは、かなりシャクに障りますので、避けたいところです。

嫌味な相手に余裕を見せつけるために、こんな手を使ってみてください。

・「私ならそんなやり方絶対にしないわ」↓「勉強になります」

・「そんな企画でよくOKもらえたよね」↓「貴重なご意見ありがとうございます」

心の中では微塵も思っていなくても、ハツラツとさわやかに、いってやりましょう。

思わず相手も拍子抜けする、暖簾に腕押しの痛快フレーズもあります。

・「今蔵さんって頭悪いの？」↓「はい、私って昔からそうなんですよね〜アハハ」

あなたがしょんぼりするのを期待していると、拍子抜けするはずです。

・「何回ミスしたら気が済むの？」↓「ミスをしないためにどんな工夫をされてますか？」

嫌味が言いたいだけなら「そんなの自分で考えなさい」ときっと逃げるでしょう。

おまけにもうひとつ。相手が理不尽な仕事を押し付けてきそうになった時の対処法。

・「後ろ向きに考えまーす！」と明るくハキハキといってやりましょう。

これはタレントのバービーさんがコラムに書かれていて「いいな」と思った対処法です。

さすがに勇気がいるかもしれませんが、”いけそう“な人から試す価値ありです。

TIPS

30 あなたが上機嫌でいるために、ムカつく相手は自信がない小心者と心得よう

31 不機嫌な上司には上機嫌で話しかけよう

不機嫌シリーズはまだ続きます。

上司に限らず、自分が苦手だなぁ～と感じる人には話しかけにくいものです。

その相手が、不機嫌な人だとますます厄介ですね。

だからこそ、あなたに試していただきたいことがあります。

それは〝不機嫌な相手には上機嫌で話しかけてみる〟ことです。

「ムリムリ～、そんなことしたら余計相手は不機嫌にならない？」そう思うかもしれませんが、大丈夫です。ここは騙されたと思って、上機嫌モードオンにトライしてください。

考えてみてください。話しかけにくいからと、避けて通っているとどうなるでしょう。

その人との間にある壁は、どんどん高くなり心の距離は離れるばかりです。

それが続くと仕事では歪みが生じてきます。

「相談したい事があったけど、話しにくいから、まぁいいや」。

「ミスしてしまったけど、報告すると気まずいから、スルーしとこっかな」。

はじめは小さな悩み、小さなミスだったものが、どんどん大きくなって取り返しのつかない事態になってしまうこともあります。

不機嫌は連鎖しますが、上機嫌もまた然り。

あなたの上機嫌で、相手の不機嫌連鎖を止めてしまいましょう。

あなたもこんな経験はありませんか？

イライラしていたのに、楽しそうに笑っている人を見ているうちに「なんだか、あの人を見ていると気が抜けちゃったわ。イライラしているのがバカらしくなってきた」と。

これは、まさに上機嫌が不機嫌の連鎖を止めているのです。

”わぁ〜今日もあの人機嫌悪そう…でも今日中に報告しないといけないし…“。

こわごわ話しかけてみると、さっきまで眉間に寄っていたシワがスッと消えて「ん？なに？」と優しい表情でいわれ、拍子抜けしてしまう、なんてこともあります。

案外、不機嫌そうに見える人でも、本人はいたって”普通“で、実際には不機嫌でもなんでもないこともあるのです。

少し勇気がいるかもしれませんが、不機嫌な相手には上機嫌で勝負です。

TIPS
31 あなたが上機嫌でいるために、不機嫌な人にはとびきり上機嫌で対応しよう

32 ジェネレーションギャップは認識するだけでOK

若手社員、リーダー、管理職など、階級別に行う研修の中で

「職場の人間関係でどんな困りごとがありますか？　ざっくばらんに本音をお聞かせください。毒を吐いていただいても結構です。ただし、笑顔でお願いしますね」。

そう投げかけると、出るわ出るわ、みなさま本音トークを笑顔で語ってくださいます。

若手のビジネスパーソンの集まりだと、管理職など大御所の方たちに向けて。

「仕事は上司の背中を見て学べだの、いちいち言わなくてもわかるでしょうだの、私たちの時代はそれが当たりまえだっただのいわれても、さっぱりわかりませんし、ついていけません。アナログで無駄な仕事も多いし、もっとサクッと効率よく終わらせて帰りたいです」。

また、リーダーや管理職の集まりですと、若手のみなさまに対して。

「最近の若者は一から十まで、指示しないといけないし、おまけに言われたことしかやらなくてガッカリすることがあります。先を読む想像力を身につけてほしい。自分の仕事だけソツなくこなして、コミュニケーションもあっさりしていて、何を考えているのかよ

くわからないんですよね」。

理解しようとするのはムリな話、わからなくて当然です。

なぜなら、世代も、背景も、価値観も異なるのですから。

ただ、わからない、とそっぽを向いたままだと、ギャップは開いたままで、円滑にはなりません。

相手の立場を"認識する"ことで、捉え方が変わり、許容できるようになります。

大御所の方は、若い世代のみなさんに対して、「なるほどなぁ〜、若い世代の価値観ってそんな感じなんだね。そう捉えているんだね」というように。

若い世代の方は、大御所の方に対して、「以前の職場環境はこんな風だったのか。だから価値観や指導方法も自分たちとはズレがあって当然なんだな」というように。

こんな風に、相手のことを知ろうとして"認識するだけ"でいいのです。

年齢差関係なく、人間関係が円滑で雰囲気がいい職場のみなさんは、お互いを認識しています。許容しあえるから、お互いが機嫌よく仕事をすることができるのです。

TIPS

32 あなたが上機嫌でいるために、それぞれの価値観の違いを"認めあおう"

33

9割の潔さと1割のかわい気のバランスを保つ

ここまで、上機嫌力の高い人の定義として、"安心感がある、安定感がある人""この人なら大丈夫と信頼される人"とお話ししてきました。

そしてその中には、名刺交換のエピソードを踏まえながら、"品格とかわい気"も含まれることもお伝えしてきました。

キーワードとして、"安心感""安定感""信頼感""品格""かわい気"が並んでいます。

この5つのキーワードを、私なりに分類してみると、こう分けることができます。

・安心感・安定感・信頼感・品格

・かわい気

仕事をする上で評価されるのは、やはり前者に分類される項目です。

仕事のミスがなく、臨機応変に対応できる人、責任感があり品格ある好印象の人。

ここをコンプリートできている人は、潔くて仕事で高い評価を得ているはずです。

ですが、上機嫌力を身につけるならば、これだけで10割ではいけません。

1割マイナスをして、そこに"かわい気"を入れることが欠かせないのです。

つまり、**9割の潔さと1割のかわいい気。これが上機嫌の絶妙なバランス**なのです。

なぜなら、私たちは完璧な人に「素敵だなぁ、あんな風になれたらな〜」と憧れや尊敬を抱きますが、その反面、緊張感を感じたり、気を使ってしまったりするものだからです。「こんな事、あの人にいったら笑われるんじゃないかな？」「近寄りがたいかも？」と。

たとえば、仕事がデキる先輩が、実は方向音痴で、商談を終えてビルから出る時、毎回反対方向に歩き出す、そんな一面を見ると「意外！ なんだか親近感が湧くわ」となりますね。

最近見たテレビでは、女優の仲間由紀恵さんが、嵐の番組の中のＢＡＢＡ抜き最弱王決定戦で負け続け、着々と最弱王への道を歩む姿がありました。美人でスキのない印象の仲間由紀恵さんでしたが、このコーナーでみせた"かわい気"で、一気にファンが増えたのではないでしょうか。これこそ、9割の潔さと1割のかわい気のお手本です。

しかし、かわい気の割合が多すぎるとこれはいけません。仕事のシーンでは頼りなく、なめられてしまいます。あくまで9割の潔さ、1割のかわい気です。

TIPS

33 あなたが上機嫌でいるために、時々1割のかわい気をのぞかせよう

第4章

上機嫌な「段取り力」

34 メールにやたらとｃｃを付けない

段取り上手な人は、メールのさばき方も上手です。

月曜日の朝、外出先から戻った時、パソコンを開くと受信ボックスには、ズラリと並んだメールが目に飛び込んできます。

忙しいと、莫大な数の受信メールを目にして、クラクラしそうな時もありますね。

この本をお読みいただいている間にも、あなたの受信ボックスには続々とメールが届いていることでしょう。

「わぁ、メールがこんなに届いている。どれどれ、緊急性の高いものは…」。

受信メールの中には、頼んでいないけど、ｃｃとして送られてきたものはありませんか？

また、あなた自身も〝念のために〟とよくｃｃメールを送っているかもしれません。

この**〝頼んでいないｃｃメール〟が結構クセモノなのです。**

「私も、読まないといけないのかな？」「返信しないといけないのかな？」

と判断に迷うことはありませんか？

私が親しくさせていただいている経営者の方は、ｃｃメールをこう対処されています。

〝基本的に自分に届いた社内ccメールは開けない〟と。

それで、今まで仕事に支障があったことは、一度もなかったそうです。

「やたらとccを送る人は、〝念のために〟とか〝私ちゃんと送りましたから〟と、無意識で自分の仕事に保険をかけているような気がします。

メールを開いてみると、多くは私が見る必要のないものばかりでした。

実際に、日々届く膨大な数のメールをさばくのは、かなりの時間がかかります。

メールは、送られた側の時間をもらっていることになります。

気配り上手な人はそれを知っているので、必要でない限りccメールは送ってきませんよ」。

この話を聞いて、ハッと目が覚めました。私にも思いあたる節があったからです。

〝念のために、ご参考までに〟と、よかれと思ってccメールを送り付けていたからです。

気配りのつもりが、相手の貴重な時間をいただいていたなんて、不覚でした。

ccメールは、相手にとって本当に必要なのか？ 見極めて送るようにしましょう。

TIPS

34 ccメールは頼まれた時だけ送ろう

35

メールの件名は内容が一目でわかるように

緊急メールを開封していなくて凍り付いてしまった経験はありませんか？

「メールは見ていただけましたか？ 早急に先方に回答しないと…」。

「早急？ まだ見てないけど（開くと）えっ、今日中に回答ですか?!」

送信側は、「ちゃんと見てくれないと、困ります」。

受信側は、「早急なら、それが一目でわかるようにして送ってほしい」。

それぞれに言い分があるでしょう。もとは、受信側がチェックを怠ったことが問題です。

ですが、送信側の気配りで、この問題が起こらないようにすることができます。

“一目でメールの用件がわかる件名をつける”ことです。

【　】や（　）、／　等の記号を使い、数字、締切日、時間、用件を簡潔に書きます。

いくつかポイントがありますので、用途に応じて使い分けていきましょう。

×悪い例と、○良い例を比較してみましょう。

×【B社の件】よろしくお願いいたします。

○【3／26（木）13：00締切】B社への回答のお願い：営業・今蔵

締切があるものは記載し、送信者の名前を加えるとより親切です。

自分の仕事の都合で〝至急〟と書くのは、失礼な場合がありますので配慮しましょう。

×【明日の会議について】

○【5/1（水）9：00企画会議：501会議室】確認事項：総務・今蔵

数多くの会議が行われる中、〝明日の会議〟だけでは、どの会議かわかりません。

また、日時や場所を明記することで、いちいちメールを開けなくても、件名を見るだけでわかるので、ムダな時間が省けますね。

×【お世話になっております】【お疲れ様です】【おはようございます】

これもよく見かける件名ですが、これでは内容がまったくわかりません。

他には、【参考まで】【資料データ添付】【議事録】【お礼】【年末年始の営業時間】など、

相手が一目でわかるかな？と考えながら、工夫していきましょう。

「〇〇さんのメールは、用件がわかりやすいし、開ける手間が減るので助かります」。

メールひとつとっても、相手の時間を大切にできる上機嫌女子になりましょう。

TIPS

35 相手に一目で内容が伝わる件名をつけよう

36 メールは即レスよりもメリハリ

・メールを受け取ったらすぐに返信。それが、仕事ができる人です。
・メールを見るのは1日何回と決める。それが、仕事ができる人です。
どちらの意見も〝なるほど〟と思いますね。

さて、あなたはどちらを採用しますか？

私は正直、どちらもアリで、どちらもナシではないかと思っています。

その人の立場・職種・相手先・キャラクターによって、望ましい方法は異なります。

とはいっても「果たしてどっちがいいのかな？」ということで、実際に試してみました。

その結果、3つのパターンをミックスしたのが最適ではないか、と実感しています。

私が実践した3つのパターンをご紹介しましょう。
1. 1時間に1度はメールをチェックします。
2. 件名にサッと目を通して、回答が必要なものには返信をします。
ただ、返信するものは、3つのパターンに分けます。
・【緊急を要するもの】は、今答えられる範囲での、精一杯の回答をします。

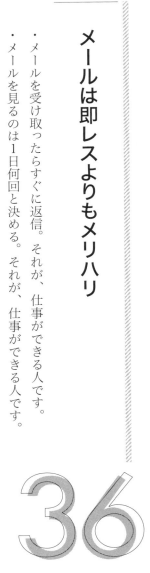

・【緊急を要していないもの】に関しては、このようなメールを送ります。
「メール拝受しました。改めて回答させていただきます」。可能であれば、「18時までに」と、いつ頃までに回答できるかを記載すると、安心感・信頼度はグッとアップします。

こう返信することで、相手は「無事に届いているな」と安心します。
・【簡単に回答できるもの】は、即返信します。
「3日の企画会議、参加できます」「欠席です」など、一瞬で終わります。

急ぎでない内容でも、出席欠席をまとめる人にとっては、一人でも早めに回答をもらえると助かるものです。
3．仕事の区切りのいいタイミングで、返信の必要があるものに返信します。
特におすすめしたいのは、1．2です。
1．2を徹底していると「今蔵さんは連絡がスムーズで安心です」「即、出欠の回答をいただけて大助かりです」と喜んでいただくことが増えました。
自分のペースを乱さず信頼と安心を保ち、上機嫌で仕事ができるのでおすすめです。

TIPS

36 メールは内容によって即レスか24時間内レスかを判断しよう

37 アポ取りはこちらの候補を3つ出す

取引先と日程調整をする際、「相手の予定を優先的にうかがうことがマナーですよ」と、先輩上司から学んできたのではないでしょうか。

あなた「○○様のご都合のいい日をお聞かせください」。

相手「では、9日の午前中はいかがでしょうか？」

あなた「申し訳ございません。9日は予定がありまして、8日はいかがでしょう？」

相手「すみません、8日は終日予定がありまして…」。

何往復かやりとりが続き、ようやく日時が決定です。

口頭だとさほど感じませんが、メールだとかなりの時間のロスになります。

「ご都合のいい日をお聞かせください」、これは相手への気配りです。

ですが、ある人とのやりとりで、**時に相手をイラつかせることでもあると知ったのです。**

それは、超多忙で有名な方と、日程調整をした時のこと。

思い切って最初のメールに、こちらの都合のいい3つの日時を投げかけてみたのです。

【上記の中で、ご都合のいい日程がございましたら、ご決定でお願いいたします。

もしなければ、ご都合のいい日程を3候補ほどいただけますと幸いです。】

”自分から日程を投げかけるなんて、失礼じゃないかな？　気を悪くされないかな？“

内心ドキドキでしたが、それが即決！　予想外の展開だったのです。

「では、〇日〇時にお願いします。**候補を出してもらえると、返事がしやすくて助かります**」。

「こちらの都合を先に申し上げて、失礼ではありませんでしたか？」とお聞きし、返ってきたその言葉に大きな気づきをいただいたのです。

「**多忙な人ほど、余計な手間をとりたくないんです。提示された選択肢の中から選ぶほうが、考えなくて済むのでありがたいんですよ**」。

この発想は、今まで私の中になかったので、大きな発見でした。

それ以降”これは使えるな“とフル活用していますが、「すぐに予定が決まるので助かります」と、職場でも、プライベートでもなかなかの好評を得ています。

相手に喜ばれる決め手は、相手の手間をいかに取らせないかということです。

TIPS

37 相手との約束はこちらの都合を先に提示し選択してもらおう

38 指示はお互い復唱してミスを防ごう

指示が相手にうまく伝わらず、何度もやり直してもらうことになる。

「どうして、彼女は指示したとおりに、仕事ができないんだろう？」

逆の立場では「あの人の指示は、わかりにくくて、つい勘違いでミスしてしまう」。

ミスやり直しは、時間のロスを出し、気持ちもイライラしてきます。

これでは、上機嫌どころかお互いに不機嫌になってしまいます。

私が以前、コンサルティングをさせていただいた生命保険会社では、このようなすれ違いがしょっちゅう起こり、問題となっていました。

生命保険会社は、女性が多い職場です。

部下「○○先輩は、私には意地悪でちゃんと指示してくれない」。

上司「○○さんは、何度いっても指示通りに仕事をしてくれなくて手がかかる」。

それぞれ、自分に問題はなく、相手に問題があると思って譲りません。

この問題の解決法は、とてもシンプルです。

それは、**指示側、受ける側が、"その場で復唱して確認しあう"**こと。

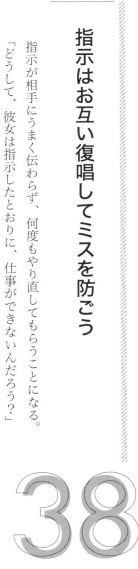

指示する側は
「今私がお願いしたことを、実際にどのようにやるのか、説明してみてください」。

指示を受ける側は
「今お願いされたことは…と認識しましたが、これで合っていますか？」

その場でお互いが言葉に出して、復唱し確認をします。

万が一、勘違いや間違いがあった場合、即その場で訂正することができます。

うまく伝わっていない場合、指示する側は「私の説明では、この部分が言葉足らずでわかりにくいのか。もっと具体的に表現しないといけないな」と、改善したらいい部分がわかるので、どんどん指示の仕方がうまくなります。

そうすることで、余計なミスやイライラもなくなります。

その後、この生命保険会社は〝指示の復唱〟を徹底した成果が表れ、今ではミスや時間のロスが減って、人間関係もグッと改善されています。

ほんの少しの工夫で、ストレスが減り、上機嫌で仕事ができるようになるのです。

TIPS

38 ─ 〝お互いに復唱して確認する〟までが指示の1セットと心得よう

39 記憶力に自信があってもメモをとろう

仕事に厳しい上司が、若手の部下に指示を出していた時のことです。

棒立ちの姿勢で指示を受けていた部下に対し、上司の表情が曇りました。

上司「○○さん、私の話を真剣に聞いていますか？」

部下「はい、もちろん真剣に聞いています」。急に言われた部下は怪訝そうです。

上司「では、今私が指示したことをいってみてください」。

受けた指示を完璧に復唱し終えた部下は、こう尋ねました。

「なぜ、部長は私が話を真剣に聞いていないのでは、と思われたのでしょうか？」

上司の表情が曇った原因は、どこにあると思いますか？

上司の回答はこうでした。

「人の話を聞く時は、メモをとるものです。手ぶらで話を聞くなんて、もってのほか。この人は大丈夫だろうか？と相手を不安にさせてしまいます。メモは的確な仕事をするための大切なツールです。これから人の話を聞く時は、メモを忘れないでください」。

部下「すみません、そんなつもりはなかったのですが、以後気をつけます」。

記憶力のいい方は、メモをとらなくても、ちゃんと覚えていますよ、と思うでしょう。

しかし、多くの経営者、管理職の方と話すと、みなさん口を揃えて〝メモは必須〟とおっしゃいます。

指示を受ける際は、〝紙に手書き〟。その姿勢に、安心感を抱いているのです。

スマホのメモではなく、紙に手書きです。

スマホにメモをしていると、「人が話しているのに、スマホをさわるとは失礼な！」と勘違いされることがありますので、気をつけましょう。

記憶力に超・自信があったとしても、**相手に安心感を与えるために必須のパフォーマンスだと思って、紙に手書きでメモをとるようにしましょう。**

いくら記憶力がよくても、時には忘れることもあるし、間違ってしまうこともあります。

前項の〝指示は声に出して復唱〟と〝手書きメモ〟をセットにすると安心ですね。

上司に呼ばれたら、メモとペンを持って「真剣に聞いています」アピールで、安心感と信頼感を持ってもらいましょう。

TIPS

39 人の指示を聞く時は〝メモとペン〟を持って臨もう

40 予定はアナログ手書きも残しておく

スケジュールは、ウェブ上での管理が便利ですが、それに合わせて**手書きの記録を残しておくことをおすすめします。**

ウェブをサクサクと効率よく活用されている方には、「今さら、アナログなんて超手間なんですけど」と思う方もいらっしゃるでしょう。

ウェブ系が得意ではない私にとっては、「次回のオンライン会議の予約をしておきました。当日はここをクリックしていただくだけで結構です」と、スマホやパソコンを華麗な手さばきで扱う人には、うっとりと羨望のまなざしを送ってしまいます。

アナログとは比べ物にならないくらい、時短になりますし、効率的です。

これまでの会議のように、部屋を準備し場所を移動して、会議に参加する、といった手間が一切省け、自分の席からオンラインで簡単に参加することができます。

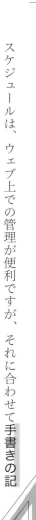

スケジュールも、わざわざ本人に聞きにいかなくても、チームで予定を共有することができます。

私の仕事ですと、セミナーや研修、講演会もコロナ以降すっかりオンラインが主流になりました。そのため、会場への移動に何時間も要することもなくなりました。（いろいろな土地に行けなくなったのは、かなり残念ですが…）。

ですが、便利な反面パタリと機能停止になる、そんな場面を何度か目にしてきました。頼りにしていたものが、いきなり使いものにならなくなってしまうのです。

通信エラーになった時、パソコンが作動しなくなった時、破損してしまった時など。

アナログを使用していなかった華麗な手さばきさんは「困ったぁー。これじゃあ予定がわからない、どうしよう。お願いだから復旧して…」と意気消沈です。

ここで登場するのが、アナログの〝手書きの記録〟です。

紙なので、通信エラーも、故障も関係ありません、手書きの強みが際立ちます。

「これがありましたかぁ、おかげで助かりました。こうやって手書きでも記録することで、リスクヘッジになりますね。これからはwで管理します」。

安心感のある人は、アナログの重要さを忘れていません。その段取りがみんなを救うのです。

TIPS

40 リスクヘッジのために〝手書きの予定〟を忘れず残そう

41 仕事道具は厳選しよう

私が新卒で入社した、カルチュア・コンビニエンス・クラブ㈱の増田社長には、モノや環境を厳選する大切さを叩き込まれました。

ファイル、ペン、ノートひとつにしても、「ちゃんと意図を持ってモノを選ぶように」と。そのおかげでかなりの目利き力がついたのでは？ と思っています。

たとえば、ボールペン。

企画担当が、ペットボトルのおまけについていたペンを使っていると、

「そのペンを使って、仕事のモチベーションがあがるかい？ いい仕事ができそうかい？」

営業担当が、80円のボールペンを使っていると、

「まさか、お客様との商談で、そのペンを使っていないだろうな？」

意味がわからずキョトンとしていると、社長は言いました。

「仕事で使う持ち物は、もっと意図を持って選ばないといけないよ。見る人は見ているんだ。**持ち物や身に着けているものから、その人がどんな姿勢で仕事に取り組んでいるのかを判断している**んだよ。たとえば契約書にサインをする時、手にずっしりとくる重厚感

のあるペンを差し出す担当者と、80円のペンを差し出す担当者がいたら、どちらが信頼できる？　ペン1つでも、自分が堂々と振る舞えるものを選ぶように。週末に東急ハンズに行って自分で選んだものを買ってきなさい」と。

新卒まもない私は言いました。「社長、だったら会社で購入して、支給してくださいよ」。「あほか、自分で選んで自分で買うことに意味があるんだよ」。即刻、喝です。

若かりし頃は、"社長ケチだなぁ"と、よくぼやいていたのですが、年輪を重ねるうちに、当時の教えの大切さをひしひしと感じるようになりました。

一目置かれている人は、それぞれにふさわしいモノをちゃんと選んでいます。

高級品やブランド品ではなく、自分の立場にマッチしたモノです。

「そのペン珍しいですね」「これはですね～」と持ち物を上手に雑談ネタにつなげます。

「そのスマホケース上品ですね！　いつもセレクトが素敵ですね」。

自分で選んだものが相手の目にとまり、褒めてもらえると嬉しくて上機嫌になりますね。

自分で納得して選んだものは、愛着もあり、気分を高めてくれるパワーがあります。

TIPS

41　仕事で使うモノは目利き力を利かせて厳選しよう

42 女性は時にマルチタスクで力を発揮する

最近では、仕事で集中力をあげて、効率よくこなすには、”マルチタスク“より も”シングルタスク“が有効であるといわれています。ざっくり説明すると、

・マルチタスクは、いくつかの仕事を同時進行で行うこと。
・シングルタスクは、ひとつの仕事に集中して取り組むこと。

書店に並ぶビジネス書も、シングルタスク推しの本が主流です。

私の周囲にも、マルチタスクからシングルタスクへ仕事のやり方を変えたことで、成果をあげているビジネスパーソンは多くいます。

ですが、ここで素朴な疑問が浮かぶのです。

”シングルタスクって男性には最適だけど、女性にとっては、どうなんだろう？“

女性の場合シングルタスクにすることで、かえって効率が落ちてしまうこともあるのではないかな？

私は脳の専門家ではありませんが、女性脳・男性脳の違いはあると確信しています。

男性は、ひとつに集中することで、仕事の成果をあげるのが得意です。

コンロでお湯を沸かすシーンを例にあげてみましょう。

男性は、コンロの前でお湯が沸くまでじっと待っています。こなす仕事は1つです。

女性は、お湯を沸かしながら、フェイスパックを顔にはりつけ、髪をドライヤーで乾かすことができます。「そろそろ沸く頃かな」と思ったタイミングで、火を消しに行きます。

3つの仕事を颯爽とこなしています。男性にはこれが理解できません。

”火を離れると危険だし、ムダなく確実に火をとめたい“からその場で待っています。

これを仕事に置き換えるとどうでしょう?

女性は複数の仕事を同時進行でこなせる能力を持っています。

したがって、シングルタスクにこだわらず、マルチタスクを上手に活用することで、自分にも周囲にも貢献することができるのではないでしょうか。

「あれ? いつの間に資料作成と先方への連絡を終えたんですか? 仕事が早くてほんと助かります!」女性のみなさんは、そんなセリフを言われたことが何度もあるはずです。

マルチタスクで軽やかに仕事をこなして、できた時間で自分時間を楽しみましょう。

TIPS

42 段取りは時に女性の得意なマルチタスクでサラリとこなそう

43 完璧よりも丁寧でスピーディーが最強

近所のスーパーに、私が一目置いているレジの女性がいます。

その方がレジにいる時は「絶対に並ぼう」、そう決めています。

なぜならその方、上機嫌力&仕事力が半端でなく素晴らしいのです。

なんといっても見惚れてしまうのが、そのスピーディーで丁寧な手さばきです。

マスクからこぼれる笑顔で「いらっしゃいませ～」からはじまり、素早く丁寧に商品を手に取り、ピッとバーコードを読ませカゴに入れる。

肉や魚などの生ものがあれば、ビニール袋に手早く入れてもくれます。

(ちなみに、ビニールに入れてくれる方は、なかなかいません)。

サッ、ピッ、サッ、手際のいいリズムで、あっという間に会計は終わります。

締めは笑顔で「今日は、寒いですね！ 温かくしてくださいね」。

横のレジはというと、一向に進んでいない様子で牛歩のような行列ができています。

丁寧に商品を手に取り、慎重にバーコードを読ませ、割れ物を扱うかのように、そっと商品を別のカゴに移し「お会計は○○円です」。両手をおへその前でそろえて、お辞儀。

牛歩のみなさんが、どんどんイライラしてくるのが伝わってきます。

残念なことに、スーパーではこの接客は求められていません。

丁寧な対応はいいのですが、それ以上に求められるのは、確実さとスピードです。

これは、私たちの仕事でも同じことがいえます。

もしも、100%完璧を目指して時間をかけて、丁寧すぎる仕事をしているとしたら、あなたを待つ人は、イライラと牛歩のレジ状態になっているかもしれません。

仕事で1番喜ばれるのは〝スピード〟です。

スピーディーで完璧なら文句なしですが、それは誰だって難しいものです。

「もうですか⁉　早いですね〜」早いと相手は大喜びします。

早いと、相手にも自分にも心にゆとりが生まれます。

早く渡すと、早い段階で修正がききます。早い段階で修正できると、クオリティがあがります。修正しながら完璧を目指していきましょう。

まずは、スピーディーさを重視しましょう。それに丁寧さが加われば最強です。

TIPS
43 仕事は完璧さよりも、まずはスピードを優先しよう

44 オンライン会議では1番乗りで入室しよう

オンライン会議の主催者は、積極的な協力者がいると心強いものです。

できれば協力者になって、主催者の心の負担を軽くしてあげましょう。

オンライン会議が急速に普及しているとはいえ、まだまだ不慣れな方も多く、リアル会議に比べるとハードルの高さは否めません。

慣れていない参加者は、「オンラインは緊張するなぁ～」とドキドキするものです。

また、**不慣れな人が主催者になった場合、本人の不安は想像以上に大きいものです。**

・時間どおりに集まってくれるだろうか？
・無事に回線はつながるかな？
・オンライン会議の案内は、間違いなく届いているだろうか？

様々な不安が頭の中をグルグルとかけめぐります。

私も、オンラインセミナーや研修をする際、毎回ドキドキして、変な汗をかいています。

そんな時に、協力的な人が一人いるだけで、本当に心が救われるものです。

ぜひとも、オンライン会議であなたに実践してほしいことがあります。

TIPS

44 オンライン会議は誰よりも早く顔を見せてひとこと話そう

それは、**1番乗りで会議に入室することです。**

できれば、**会議開始時刻より前の”会場がオープン“になる時刻に入りましょう。**

私の経験ですと、会場を早めにオープンにしていても、入室する人は多くありません。

ほとんどの人が、会議開始時刻ちょうどに入室します。

不安でいっぱいの主催者の画面に、あなたの姿が映った瞬間、

「あ〜、よかった！ 無事つながっている」と、主催者はホッとひと安心するものです。

会議開始までに、時間の余裕があるようなら
「声のボリュームはどうでしょうか？」

「なにか、確認することはありますか？」

「はじめて、お顔を拝見できて嬉しいです」

など、ちょっとした段取りの確認や雑談で、場を和ませましょう。

早めに入室することで、不安だけでなく、ぎこちなさや、緊張もほぐれますね。

”オープン時刻に1番乗りで入室をする“ことで、スムーズな段取りに協力しましょう。

45

オンライン会議では次の発言者に上手にバトンを渡そう

オンライン上でのやりとりは、対面と違ってギクシャクすることだらけです。

きっと、あなたも「やりにくいなぁ〜」と感じたことがあるでしょう。

私が遭遇する"ギクシャクシーン"の中で特に多いと感じること。

それは、**発言するタイミングがズレてしまうことです。**

発言のタイミングのズレには2パターンあります。

1つは数名が同時に発言してしまい、声が重なってしまうというパターンです。

そして「あっ、どうぞ、どうぞ！」と「では…」。

その発言すらまた重なってしまって、さらにギクシャクします。

笑いが起こって、場が和むという利点もありますが、これが一度の会議の中で何度も続くと、ダラけてしまいますね。

これは、数名の声が同時に重なってしまう、にぎやかなギクシャク。

もうひとつは、これとは反対の、沈黙のギクシャクです。

「私が、改善すべきと思った点は、今お話ししました3つです…」。

し〜〜〜〜ん、数秒間の沈黙の後に、
「えっと…、ご意見は以上でよろしいしょうか？」
”まだ続きがあるのかな？ それとも、もう終わったのかな？“
終わりのタイミングがわからずに、沈黙が発生してしまうのです。
この沈黙のギクシャクは、簡単なルールを設定することで解消されます。
それは、**発言を「以上です」で終える**、というルールです。
この一言があると誰にでも、”発言の終わり“が明確になります。
本人も、次の発言者にスムーズにバトンタッチすることができますね。
それに加えて、おすすめしたい一言があります。
「私の提案は以上です。次に〇〇さんお願いします」。
自分の発言を終えたら、次の方にバトンを渡すのです。
この一言で、「次はあの人の発言ね」と全員の耳が次の発言者に集中します。
こうすると、リズムやメリハリがつき、とてもスムーズなオンライン会議になります。

TIPS

45 オンライン会議では「以上です」の一言で発言の終わりを知らせよう

46 オンライン会議では「聞こえていますか?」と確認しよう

オンラインの段取りは、音声にストレスがないことが、1番の肝になります。

ここでは、マイクの操作、声のボリュームについてお伝えします。

超基本的なことですが、慣れている方も、つい油断して失敗してしまうことがあるので、改めて確認しておきましょう。

よくある失敗例を2つご紹介しましょう。

1つめの失敗は、ミュートをオン(消音)にしたまま、発言を始めてしまうことです。

「音声が聞こえません、ミュートになっていますよ〜」。

そう言われて初めて気づくことがあります。

オンライン会議の音声には自分の音を消す"ミュート"という機能があります。

オン・オフをする3つのタイミングをしっかりと、覚えておきましょう。

1. 相手が発言している時は、自分はミュートをオンにします。(消音)
2. 自分が発言するタイミングで、ミュートをオフにします。
3. 自分の発言が終わったら、再度ミュートをオンにします。(消音)

2つめの失敗は、声が小さすぎて、相手に聞こえないことです。

「すみません、聞き取りにくいので、もう少し大きな声でお願いします」。

このように、はじめからやり直すと、時間のロスが発生しますし、相手にストレスを与えてしまいます。

これを防ぐために、**発言する際には最初に自分から、声の大きさの確認をとります。**

「私の声は、聞こえていますでしょうか？　大きさはどうでしょうか？」

声が小さければ、「少し聞こえにくいようです」といってくれます。

聞こえにくくても、相手に気を使って自分からは言い出しにくいものです。

相手に気を使わせないためにも、自分から「聞こえますか？」と確認をとりましょう。

"オンラインは、うちの職場には関係ない"という方もいるかもしれません。

しかし、このご時世、いつ「オンライン会議を導入します」となるかわかりません。

その時に慌てることなくオンラインでも段取り上手な、ゆとりあるあなたでいられるように、基本のきは押さえておきましょう。

TIPS

46 オンラインは"音声が命"、毎回聞こえているかを確認しよう

47 オンライン会議では事前にルールをシェアしておこう

"ルールを決める"のは、みんなが気持ちよく仕事をするためです。

「ルールは縛り付けるためのもの」という人がいますが、それは違うと思います。

ルールがあるから、お互いが自由に気持ちよく仕事ができるのです。

ここでは、"チーム全体に浸透させてほしい、オンライン会議のルール"をお伝えします。

このルールをあなた発信で提案し、チーム全体に浸透させていきましょう。

オンライン会議で共通して使える、基本的なルールをまとめますね。

・発言者以外は、音をミュート（消音）にしておく。
・質問がある場合は、挙手機能を使う。または、チャットに書き込む。
・発言が終わったら「以上です」で終える。
・画面に顔が映る設定にする（会議内容・回線の都合等、状況に応じて判断する）。
・データ投影の必要がある人は、事前にデータを立ち上げて準備しておく。
・資料を印刷する必要がある場合、事前にデータを送り、手元に準備しておく。

他にも今までオンライン会議・セミナーに参加してきた中で、"これは段取りがスムーズで、気が利くな〝と思ったアナウンスをご紹介します。

【開始時刻になっているが、参加者がまだ揃っていない時】

「全員揃っていませんが、開始時刻になりましたので、スタートします」。

時間通りに集まっている人をお待たせするのは、話が違いますからね。

【終了時刻をオーバーしそうな時】

「予定より5分程延長しそうです。予定がある方は、退出いただいて結構です。この後の決定事項は後程ご報告いたします」。

後に予定が詰まっている方は、安心して退出することができます。

【不慣れな方を安心させるために】

「万が一、接続が切れてしまった場合は、慌てずに再度入りなおしてください」。

オンラインは何が起こるかわかりません。トラブルがあってもお互い様、チームみんなでおおらかな気持ちで取り組めると心強いですね。

試行錯誤中のオンラインは、共通ルールを浸透させる絶好のタイミングです。

TIPS

47 オンライン会議は相手への思いやりのルールを設定しよう。

48 年功序列の古いマナーは笑顔でスルー

オンラインネタで思わず首をかしげてしまう話を耳にしました。

ウェブコンサルタント会社を経営している知人が、嘆いていました。

「聞いてよ、この前こんな相談があったんだけど、どう思う？ あきれるわ…」と。

あきれてしまった相談とはこうでした。

「画面の中で、部下の顔が役員よりも上の位置に映っているのは困ります。役員が常に上にくるように、映る位置を調整できませんか？」

つまり、上座・下座を設定できないか？ ということ。

しかも、役員の顔のサイズをひとまわり大きくできないか？ とも言われたそうです。

「それはできません。そもそも、お言葉ですがそのような価値観は、時代遅れです」。

そうきっぱりと断り、先方はしぶしぶあきらめたそうです。

時に、自分とはかけ離れた価値観の人に出会うことがあります。

そんな時は、「どうしよう」と頭をかかえるのではなく、"いろいろな人がいるもんだ"ということを、頭の片隅に置いておきましょう。

すると、いざ遭遇した時に、「でましたっ！」とサラリとうまくかわすことができます。

ついでに、もう1つ聞いた「時代遅れ」のルールをご紹介しましょう。
・オンライン会議は新人から順に入室し、役員は最後に入室。
・会議が終了したら、まずは役員が先に退室し、新人は最後に退室。
わざわざこのような指示を出す上司は、完全にイケてません。

ですが、これは百歩譲って、許せる範囲で相手を許容することも必要です。

「では、部長、どうぞ退出していただいて結構です」。

そのほうがスマートに事が運ぶなら、うまく相手に合わせていくのも、スムーズな段取り術といえるでしょう。

オンライン会議は、まだまだみんなが手探りの状態です。

認識のズレ、おかしなルール、スムーズにいかないことが、少なくありません。

おかしなルールは指摘するだけでなく、「こうすればどうでしょう？」と具体的な提案をセットにして、チームと共有しながら改善をしていきましょう。

TIPS

48 改善点と具体案をセットにしてパリッと提案しよう

49 段取りベタは自分の問題と人の問題を切り分ける

「わたし、段取りベタなんですよ。どうしたら段取り上手になれますか？」

そうお悩みの方は、**段取りベタではなくて、断りベタな人が多いです。**

頼まれると断ることができず、自分を後回しにするので仕事が溜まってしまうのです。

そして「まだ終わってないの？」といわれ、ますます気持ちはあせってしまいます。

人を優先してしまう優しさから、自分の時間が犠牲になっているのです。

わたしは、こんな優しい方にこそ上機嫌でいてほしいのです。

そのために、**上手な断り方をご紹介します。**

大丈夫です、**断ったから「冷たいなぁ」なんていう人はいません。**

まずは、このフレーズをそのまま使ってみてください。

上司「〇〇さん、この資料作成だけど、また手伝ってもらえると助かるんだけど」。

あなた「申し訳ございません。できればお手伝いしたいのですが、あいにく今週末が締め切りの仕事を2つ抱えています。これが終わればお手伝いできますので、その時こちらからお声がけしますが、いかがでしょうか？」

上司「それなら仕方ないか。じゃあ、別の人にお願いするか」。

上司は、別の人にお願いをするか、自分でするかを選択するでしょう。

「えっ？ そうなの？」

「今までの気遣いはなんだったの？」

拍子抜けするかもしれませんが、相手にしてみたらそれだけのことです。

こう考えると、「な〜んだ、断っても平気なんだ」と、一気に気分が軽くなりますね。

大切なのは、自分の仕事をこなすことです。

仕事で頼まれ事をした時は、淡々と、堂々と、凛とした態度で、”今の自分の状況をそのまま相手に伝える“。それだけでいいのです。

わがままな人でも、冷たい人でも、なんでもありません。

頼まれ事は、余力がある時に、気持ちよく手伝うことができればいいと考えましょう。

自分の意思をしっかりと伝え、それを相手に受け入れてもらうことで、ゆとり時間と自信が手に入ります。

TIPS
49 上手な断り方をして自分の時間を有効に使おう

50 時間のルールを公言しておこう

いつも上機嫌でいる人は、時間の大切さを知っています。

相手に対しても自分に対しても、時間の価値を高く捉えることができるのです。

時間の価値は長さではなく、濃さであることを知っています。

時間は長ければいいというものではありません。

長時間働くことが美徳とされてきた時代は、終わっています。

短時間で、濃密度で成果をあげることが、美徳であると私は思っています。

プライベートのデートの時間だってそうですね。

長時間一緒にいるわりに、スマホをさわってばかりで会話はうわの空、という状態よりも、短時間でもきちんと相手に向き合って、楽しく会話がはずむ、そのほうがずっと素敵なデートだと思いませんか?

多くの仕事を抱えているのに、勤務終了の時間になると「お先に失礼します!」と颯爽と帰っていく人がいます。やるべき仕事は、きちんとこなしています。

「私、今夜は家族と食事に行く約束があるので、定時で失礼します」。

事前に、自分の時間のルールを周囲に公言することで「そうなんですね、家族と食事、いいですね。楽しんで」と周囲も協力的な雰囲気になります。

一方、長々と会社にいるわりに、仕事がはかどっていない人がいます。

このタイプの人は、費やす時間の長さに高い価値があると思っています。

「あー疲れた、今日も忙しいなぁ」と、"私、仕事やってるでしょ感"を醸し出しています。

「いつも遅くまで、頑張ってるね」と声をかけてもらう反面、"この人は時間にルーズな人"と認定されていることもあります。

「木曜日は英会話スクールなので、定時に帰りますね」。

「どうしても間に合わなければ、明日の朝早くきて片づけますので安心してください」。

日ごろから自分時間のルールを公言しておくと、周囲の理解を得やすくなります。

「素敵ですね。私も○○さんのマネしなくっちゃ」。

これを続けると、周囲に良い影響を与え、上機嫌な時間の使い方をする人が増えていくでしょう。

TIPS

50 時間ルールを公言することで周囲を上機嫌に巻き込もう

51 リモートワークを快適にこなすコツ

リモートワークの最大の敵は、自分自身ではないでしょうか。

・着替えるのが面倒だなぁ〜、メイクはどうする？ 眉だけでもかいとく？
・気になるテレビがあるから、ちょっとだけみちゃおうかな…。
・「ちょっと休憩」と冷蔵庫を何度も往復。

気づくと「しまった、もうこんな時間！ たいして仕事がはかどってない」という状況に陥っていることもしばしば。

お恥ずかしいことに、これは私のことなのですが、まさに、自分との戦いです。

”ダメな自分をまるごと認める“にしても、ちょっぴり改善が必要です。

「これではいけない」と一念発起し、リモートワークを快適にこなす工夫を試みました。

その中で、簡単にできて効果的だった、3つをご紹介しましょう。

1つめは、まず朝起きて顔を洗ったら、”着替える&メイクをする“こと。

これで、ダラダラモードが仕事モードに切り替わります。

できれば、コンビニに行っても恥ずかしくない服装をチョイスしましょう。

もっとパリッとスイッチを入れたい方は、普段職場に着て行く服装で挑みましょう。

2つめは、仕事の場所を整えること。

仕事をするテーブルの上はスッキリと片づけましょう。

勤務時間中、テーブルの上には仕事道具だけを置くことを徹底しましょう。

3つめは、ポモドーロテクニックで時間管理をすること。

リモートワークでは誘惑が多いので、どうしても集中力が途切れがちになります。

ポモドーロテクニックは、25分集中、5分休憩、25分集中、5分休憩の繰り返しです。

「タイマーはどうするの？」と聞かれますが、これはスマホのアプリでもあります。

私はYouTubeの中で好きな音（雨音や鳥のさえずりなど）をお気に入り登録していて、その日の気分に合わせてセレクトしています。とにかく25分間は全集中です。

休憩の5分は伸びをしたり、お茶をいれたり、おやつを食べたり、自由に過ごします。

この3つを実践することで、自己管理が以前よりもできるようになり、リモートワークがご機嫌で快適にこなせるようになりました。

TIPS

51 リモートワークは、切り替えスイッチ・環境整理・時間管理で快適に

第5章

上機嫌になるために「自分を最優先で愛しむ」

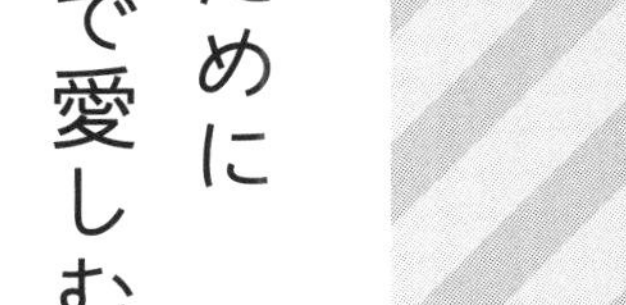

52 自己肯定貯金で自分を褒める習慣を持とう

自分の人生のシナリオをつくるのは、自分です。

自分が人生の監督になると、人生はうんと楽しい！　そう思いませんか？

自分を最優先で愛しむことで、上機嫌な自分でいることができるのです。

私たち日本人は、自己肯定感の低い人が多いといわれています。

内閣府が若者を対象に行った調査では、諸外国では80％以上の人が自己肯定している中、日本では40％台と、ダントツに低いことがわかります。

原因は、日本の慣習にあるのではないかな？　と考えています。
・他人に迷惑をかけてはいけない、他人の気持ちを考えよう、と育てられてきたこと。
・「わたしなんて、まだまだ…」と謙遜することが、美徳とされてきたこと。
日本の奥ゆかしい慣習ですが、裏を返せばこれが、私たちの自己肯定感を低くしているもとになっていると感じています。

他人軸で謙遜ばかり、自分のことは置いてきぼりなんて、もったいないです。

「自分の人生、自分の機嫌は自分でとる」でなくっちゃ。

そのために、楽しみながら自己肯定貯金をしていきましょう。

自己肯定貯金のポイントは、2つです。

1つめは、褒めるハードルをう〜んと、低くさげること。 そう、う〜んとです。

「毎朝、遅刻せずに出勤するなんて、私ってえらい」。

「苦手な上司の指示に従うなんて、大人だわ、私ってすごい」。

褒めちぎっていると、どんどん上機嫌になります。

2つめは、ダメな自分を否定しない、ダメな自分をまるごと認めること。

自分にダメな部分があったとしても、

「まっ、それくらい、いいじゃないの。これが私なんだから」と。

この2つで自己肯定貯金を貯めていきましょう。

誰にも迷惑をかけるわけでもなく、お金も必要ありません。簡単でしょ！

私の周りの上機嫌な人はみなさん、この2つをしっかりと押さえています。

「そこ褒める?」とクスっとするほど小さなことを、大きく褒めていたりしますからね。

TIPS

52 自分の褒め褒めラインはうんと低く設定しよう

53

「ありがとう」「ラッキー」でハッピー思考に

第3章で「すみません」より「ありがとう」の達人になろうと書きました。

上機嫌な人は、口ぐせがとっても心地よいです。

自分が発する言葉が、そのまま自分や周囲の人に影響を与えることを知っているのです。

自分がハッピー思考になる口グセと、アンハッピー思考になる口グセがあります。

いくつか例をご紹介しますので、比較してみてくださいね。

そして自分はどちらの思考が多いかな？　と自己チェックしてみましょう。

【仕事でミスをしてしまった時】

「わぁ、どうしよう、大変なことをしてしまった。私ってやっぱりダメだわ」。

「今、失敗しておいてよかった。次は同じ失敗をしないようにしよう。勉強になったわ」。

【チャレンジしていたことが残念な結果に終わった時】

「あぁ〜やっぱり、私ってホントついてないわ」。

「今回は、私には縁がなかったということ、次にもっといいチャンスがくるぞ」。

【出かける寸前にドタキャンの連絡が入った時】

「マジですか？ ドタキャンって最悪〜。いったいどういうつもり？」

「家を出る寸前でよかった！ 仕方ない、久しぶりに昼寝でもしようかな」。

【朝起きたら雨が降っていた時】

「雨が降ってる〜！ いやだわ、鬱陶しいわぁ」。

「雨かぁ、乾燥してたから、肌が潤ってちょうどいいかも」。

状況は同じでも、捉え方や口グセを変えるだけで、随分印象が違いますね。

ハッピー思考でいると、モヤモヤとしたものが、サッとクリアになる。

どんよりした重い空気が、フッと軽くなる。そう感じませんか？

明石家さんまさんは、しくじった時は、ここぞとばかりに大喜びされるそうです。

「美味しいわぁ、これで明日のええネタができたわぁ」と。

「美味しいわぁ」とは、関西ならではの「よっしゃ！ しめしめ」という感覚です。

嫌なことが起きた時は、このニュアンスで捉えてみると、ハッピー思考になれますね。

TIPS

53 失敗した時は関西人の「美味しいわぁ〜」の感覚で捉えてみよう

54 モチベーションはあげずに保てばいい

モチベーションは無理にあげる必要はありません。

モチベーションは、アップダウンが少なく安定していることが最強なのです。

それができる人が、上機嫌力の高い人です。

職場では、モチベーションが高い人が好まれ、望まれる傾向があります。

中には、モチベーションとアピール度の高さを、同じに捉えている人がいます。

「こんなに一生懸命頑張っています」「日々忙しく走り回っています」。

これは、アピール度が強めな人です。モチベーションの高さとは違います。

パッと見は情熱を感じなくても、淡々と落ち着いて仕事をこなしている人。

これはモチベーションが安定している人です。

私は昔から、典型的なアピールが苦手なタイプでした。

以前、勤務先にとにかく〝アピール強めがお好き〟な上司がいました。

「仕事してるのか？ もっと仕事に熱くなれよ」と言われムッとしたことがありました。

「仕事はちゃんとしているのに、アピール度が高くないと評価されないのかな？」

少しだけ悩んだこともありましたが、心から尊敬している方が、私にかけてくれた言葉で一気に救われたのです。それは、こんな言葉でした。

「仕事で信頼できるのは、いつも安定している人です」。

「情熱的な人は、調子がいい時はいいのですが、落ち込むと同じように派手に沈みます。そのたびに周囲は振りまわされます。頼りにしていたのに、困ったな。これでは信用できないな、ということになります」。

「その点、安定感がある人は、仕事も感情も派手な凸凹がない分、圧倒的な信頼感があります。何よりそんな人の一番の強みは、自分で自分を信頼していることだと思います」。

この言葉がスッーと心地よく胸にしみ、心が晴れやかになったのです。

「そうそう、確かにそのとおり。わかってくれる人はちゃんといるんだ」。

モチベーションは、アップダウンが少なく安定していることが最強です。

そんな人が、自己肯定感も高く上機嫌でいることができるのです。

"モチベーションは高くないといけない"は、ある意味正解とはいえないのです。

TIPS

54 モチベーションは安定させることを心がけよう

55 肌・髪・声に”艶“を保とう

私たちはいつだって若々しく、そして瑞々しくありたいですね。

役者さんは、自分の実年齢とは異なり、若い役から老け役まで演じることがあります。

ある有名女優さんが、老け役の役作りのために実践していることを話されていました。

その内容が大変興味深いものでした。

まず、年齢に応じて”姿勢“を変えるそうです。老け役では背中を丸めます。

姿勢による印象の違いは、第2章でお伝えしましたね。

その他に面白いと思ったのは、自分から”艶“という”艶“を消す、ということです。

「若いうちは何もなくても、存在自体にハリと”艶“があるでしょう。これを消すと一気に老けるのよ。肌はマットに仕上げ、髪は乾燥させ、逆毛をたててパサパサにする。そして、声。声はしゃがれた感じにして、低くするの。こんな風にね（低く）。ほらね、一気に私、老けたでしょう。そして若く瑞々しく見せたい時は、これと反対のことをするの」。

「すごい発見だと思いませんか？ 同じ私なのに、”艶“を消すだけで、見た目の年齢を操ることができるなんて。同窓会に参加して、友人の見た目の開きに驚愕した、なんて話を時々耳にするでしょう。年齢は同じなのにこうも違うのかって。その原因の1つに"艶"のあるなしが関係しているのよ」。

なるほど。**若々しくて自信があふれている人からは、キラキラオーラが出ていますが、そのオーラには確かに"艶"が関係しています。**

人は光り輝くものに惹かれます。上機嫌な人に惹かれるのも、その人が輝いているから。内面ももちろんですが、こんな風に外見に"艶"を保つことも必須ですね。

私自身、肌や髪の艶は心がけている部分でしたが、"声"の艶は気づきませんでした。一緒に過ごして「あ～この人と話すと心地いいな、素敵だな」、そう感じる人は、声に湿りといいますか、艶があります。高い声、低い声という分け方ではなく、ハリと艶です。

では、具体的にどうすれば声の艶が出せるのかというと、これはなかなか難しいです。そこで、あなたが「いいなぁ～、上機嫌だなぁ」と感じる女性の声を思い浮かべてみる。そして、自分の声とミックスしてみるのはどうでしょうか？

瑞々しく、上機嫌な女性でいるために、肌・髪・声3つの艶を磨き続けましょう。

TIPS

55 艶のある人を見つけて自分の中に取り入れよう

ちょっといいものを日常使いしよう

56

毎日自宅でコーヒーやお茶を飲む時、どんなカップを使っていますか？

それは、あなたが選んだお気に入りのカップですか？ お気に入りのものを使っている方もいれば、無造作に選んだモノを使っている方もいるでしょう。

上機嫌なあなたでいるために、欠かすことができないことがあります。


〝日常でよく使うものこそ、ちょっといいものを使う〟ということです。


私は講師業の他に、「上機嫌な自分でいるためのセルフマネジメント術」という個人セッションをしています。その人の思考・行動のクセを発見し、より上機嫌になるように改善していくのですが、多くのみなさんが、日常で使うモノの選び方を勘違いしています。

たとえば、プレゼントでもらった、真っ白でふかふかの肌触りのいい今治タオル。美しいカッティングのバカラのグラス、ロイヤルコペンハーゲンのティーカップ。

「お客さん用に」「とっておきの時のために」「割れると嫌だから」「もったいないから観賞用に」といって、棚に飾ったままにしていませんか？

花を買うのはお祝いの時だけ、「自宅に花なんてもったいない」と思っていませんか？

この"とっておきの時"や"もったいない"の視点を変えてみましょう。

とっておきの時とは、今の自分の時間です。

もったいないのは、今の自分が使うものをぞんざいに選んでいることです。

そういう私も、以前はバカラのグラスを「もったいない」と、箱に入れ大切に保管していました。ところがある日、箱に入れっぱなしのグラスを見つけ、「これって実はちっとも大切になんかしていないんじゃない？　グラスは使ってこそ喜ぶのでは？」と感じ、思い切って毎朝自分がお水を飲むためのグラスにしてみたのです。

これが発見でした。この効果は絶大です。とにかくいい気分なのです。

「こんな綺麗なグラスで毎朝お水を飲んでいるなんて、贅沢な私！」と、朝から上機嫌。

それからは、日常で使うもの、目に触れるものに"ちょっといいモノ"を厳選するようにしました。

自分を大切にできていると自信が湧いてきます。日常こそがとっておきなんです。

毎日がとっておきだと、自然に上機嫌な自分でいることができます。

TIPS

56　日常こそが自分にとってのとっておきの日！　と心得よう

57 カバン・デスク・財布・クローゼットに余白を

幸運の神様は、空いたスペースに舞い降りてくれる。

こんな言葉を耳にしたことはありませんか?

いつも予定をぎゅうぎゅうに詰め込んでいると、突然の楽しいお誘いも、「予定がいっぱいです」と泣く泣く断らなければいけません。

仕事もそうですね。いつも眉間にシワを寄せて切羽詰まったオーラを出していると、「この人は余裕がなさそうだから別の人に任せよう」と、チャンスを逃がしてしまいます。

ムダなモノ、ムダな情報、ムダな時間が多い人ほど、"足し算"の発想をします。

「まだ足りていない、もっともっと」と足すことで、不安を埋めつくそうとします。

ところが、抱えるものが多くなると、選択肢が増えます。

選択肢が多くなると、複雑になり、疲れるのです。

講演会でもよくする話に、次のようなものがあります。

「今の部屋は、収納スペースが小さくてモノがあふれている。もっと収納がたっぷりあるところに引っ越したら、スッキリ暮らせる」。そう信じて収納スペースが大きな部屋に引っ越してみると、あら不思議！ スッキリするどころか、ますますモノが増えてギュウギュウになっている。

私たちはこれと似たようなことをやりがちです。

クローゼットに洋服がいっぱいなのに、まだ入るとグイグイ押し込む。財布にポイントカードがパンパンに入っていて閉まりにくいからと、大きな長財布を新調する。

上機嫌でいるためには、"足し算"の発想ではなく"引き算"の発想に切り替えましょう。

・あふれた洋服は、今の自分を素敵に見せてくれますか？

・財布に入ったポイントカードは、週に何度も行く店かな？ そもそもお得なの？

"今の自分の価値観"に合わせて、ズレているものは手放して、余白をつくりましょう。

クローゼットを開けると、自分を美しく見せてくれる服ばかり並んでいる。

スリムでシンプルなお財布から、スッとスマートにカードが取り出せる。

そんなあなたは、とても軽やかで上機嫌なオトナ女子ですね。

引き算思考で、大切なモノのためにどんどん余白をつくっていきましょう。

TIPS

57 引き算思考で余白をつくろう

58 迷ったら"気分が軽やかになる"ほうを選ぶ

今日のお昼ご飯は何を食べようかな？

美容院はいつものお店にしようか、それとも新しいお店にしようかな？

転職を考えているけど、このご時世へタに動かないほうがいいのかな？ それとも今だからこそ思い切ったほうがいいのかな？


私たちは、小さなことから大きなことまで、日々決断を繰り返しています。

自分の決断が、人生を大きく変えてしまうこともあります。


自分の選択が「よしっ！ 私が決めたことは、間違いじゃなかった」と、自信を持っていえることばかりだといいのですが、残念ながらそううまくはいきません。

「あれは大失敗だったな」「もっとこうしておけばよかったな」「同じ過ちは、二度とごめんだ」と悔やまれるものもあります。

誰だって、失敗したダメージが強いと、次の決断は臆病になるものです。

「また失敗したらどうしよう、失敗したくないな」。

そうなってくると、私たちの脳の仕組みは、"現状維持"を選びがちになります。

現状維持なら、傷つくこともないし、エネルギーもいらず、楽だからです。

しかし、その一方で、もう一人の私がこうささやきます。

「現状維持のままで、あなたは上機嫌な自分でいることができるの？」と。

たしかに、現状維持のままでは、後悔することもあるかもしれません。

結局、迷った時はどう決断すればいいのか？

私が自分自身でも実践し、みなさまに太鼓判を押しておすすめできる方法があります。

"迷った時は、自分の気持ちがフッと軽やかになるほうを選ぶといい"ということです。

たとえばAを選んだ自分を想像してみます。どんな自分かな？　気持ちはどうかな？

次にBを想像してみます。

そして、どちらが気持ちが軽やかになる？　と自問し、出た答えのほうを選びましょう。

こうすると、たとえ失敗したとしても、「逆を選んでいたら、もっと大変なことになっていたかもしれない」と、自分の選択に自信が持てるようになります。

選択にも軽やかさは大切なのです。

TIPS
58　迷ったら、気分がスカッと晴れるほうを選択しよう

瞑想や呼吸法で今の自分に集中する

59

いくら上機嫌な自分を心がけていても、イライラすることや、悩み事で気持ちが重くなって、抜け出せなくなることがありますね。

そこでおすすめしたいのが〝瞑想をして呼吸と心を整える〟ということです。

瞑想と聞くと「なんだか怪しい？」と猜疑心が湧くかもしれませんが、心配はいりません。ゆったりとした呼吸を繰り返し、今の自分に集中するだけでいいのです。

以前、悩み事があり、朝起きると「なんだかなぁ〜」と心がどんより重々しい日が続いたことがありました。そんな時、ネットの記事・本から同じ言葉が目に入ってきました。

「今、ここに集中することで、幸福度はあがります」。

今ここに集中することを〝マインドフルネス〟といいます。私たちは、あふれる情報、人間関係、仕事に追われて、〝今〟の自分に目を向けることを忘れてしまっています。

〝今、ここに集中する〟ことで、過去の失敗や、将来の不安、悩み事に気持ちが持っていかれるのを回避でき、続けることで幸福感に満たされるようになる、というのです。

「へぇ〜、これはよさそう。やってみたい」と直感し、マインドフルネスの協会にて学びを得て、日々のライフスタイルに取り入れてみました。
続けるうちに心がすっきりし、軽やかな自分を保てる時間が長くなりました。
やり方はシンプルで簡単です。

・できれば一人になれる静かな場所で、イスにリラックスして座ります(座禅でも)。
・背筋を伸ばして、目を軽く閉じます。
・ゆったりと呼吸を5回ほど繰り返し、心が落ち着いてきたら自然な呼吸に戻します。
・吸う、吐く、という呼吸にただ意識を向けます。呼吸を数えると集中しやすいです。
・すぐに余計なことが浮かんできますが、再び呼吸に意識を向けます。意識はそれるものなので、まったく気にせずに意識を呼吸に戻しましょう。

ひたすらこれを繰り返すうちに、どんどん今の自分に集中できるようになります。電車やトイレの中など、30秒でもいいので気軽に取り入れてみてください。

"今の自分に丁寧に向き合っている、自分を大切にしている"ことが、あなたの自己肯定感を高めることになり、上機嫌のもとになってきます。

TIPS

59 日々の瞑想で今の自分の心を大切にしよう

60 ゆったりと湯船につかる

コピーライターの糸井重里さんの『ほぼ日刊イトイ新聞』のTwitterで、今でも鮮明に心に残っている言葉があります。

「**働く人へ、ちゃんとメシ食って、風呂入って、寝てる人にはかなわない**」。

シンプルですが、心にずっしりとしみてきます。

これこそが自分を大切にすること。当たりまえすぎるけれど、基本中の基本。

そして、上機嫌な自分でいることにも通じると思ったのです。

これまで、上機嫌でいるための印象のつくり方や段取り方法、対応力などをご紹介してきましたが、**〝自分を大切にする〟これをはずしては上機嫌を語ることはできません。**

また、別のコラムでも「入浴のすすめ」を書かれていて、これがまた絶品なのです。お風呂に入ることの効用を力説されているのですが、ざっくりまとめると、お風呂に浸かり、自分のために〝時間と体力と手間〟を使うことをきちんとやっている人と、「忙しくて風呂どころじゃない」とささっとシャワーですませている人とでは、「人生の足取りのしっかり度が全然違う」ということです。

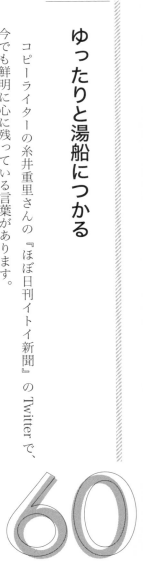

こんな記事をご紹介しておきながら、私自身、時間がないとついシャワーで済ませてしまうことがあり、「いけない、これじゃあ上機嫌力が高まらない」と自分にツッコんでいますが…。

さて、あなたは毎日ゆったりとお風呂に浸かっていますか？

『体温を上げると健康になる』（齋藤真嗣 著／サンマーク出版）というベストセラー本があります。

冷えは大敵といいますね。体を冷やすと免疫力がさがり体調も崩しやすくなります。

最近では”温活“という言葉も流行っているようで、温めることの大切さを実感し、日々の暮らしに取り入れている女性も多いですね。

体と心はつながっていますから、**体調がすぐれないと上機嫌どころではなくなってしまいます。**人の体と心は”温めてなんぼ“です。

上機嫌でいるために、お風呂に浸かって自分のために時間と体力と手間をかけ、体も心もじんわりと温めましょう。

TIPS

60 ゆったりお風呂に浸かって体も心もポカポカに温めよう

61 やわらかさ・あたたかさ・ゆったりさを取り込む

私たちがホッとして安心感を抱くものには、いくつかの要素があります。

それは、**やわらかさ、あたたかさ、ゆったりさ**です。

ここで一緒にこれらの言葉をイメージしてみましょう。

〝やわらかさ〟で連想するものは、人間の赤ちゃんのふわふわな肌や髪、動物の赤ちゃんの毛並み、子供の頃にキュッとつないでもらったお母さんの手、などなど。

春にそよそよと吹く、そよ風なんかも浮かびますね。

〝あたたかさ〟はどうでしょう。

子供の頃に抱っこしてもらった、お父さんお母さんの温もり、太陽の匂いがする干したてフカフカの布団、お風呂、こたつなども浮かんできます。

最後に、〝ゆったりさ〟で連想するものを考えてみましょう。

海や山などの自然、昼寝、読書、好きなお酒やお茶を飲む時間、旅行先のホテルや旅館の清潔な部屋、深呼吸や瞑想、大好きな人との語らい。

他にもあなたが思い浮かべたものが、いろいろとありますね。

ここであなたに質問です。

やわらかさ、あたたかさ、ゆったりさを思い浮かべて、どんな気持ちになりましたか？

とても安堵感に包まれた、上機嫌な気持ちになったのではないでしょうか？

こんなモノや時間に囲まれていると、なんて幸せなんでしょう。

ここで、少し現実に戻って確認してほしいのです。


あなたのライフスタイルは、やわらかくて、あたたかくて、ゆったりしたモノや時間に、どれくらい満たされていますか？


「充分に満たされているわ、毎日が幸せ」という方は、今のスタイルを継続して、ますます上機嫌力の高い、幸せなあなたで。

「まぁまぁ、6割くらいかな」「あらっ、半分以下だわ」という方は、その割合が高くなるよう心がけて、上機嫌力が日々高くなっていく自分を楽しんでいきましょう。

難しいことはひとつもありません。あなたが「心地いいなぁ、優しく穏やかな気持ちになるなぁ」、そう感じるモノや時間を、1つずつライフスタイルに取り入れていくだけです。

TIPS

61 ライフスタイルの中に、やわらかさ、あたたかさ、ゆったりさを取り込もう

62 スマホを持たない時間をつくる

上機嫌なあなたでいるために、スマホ断捨離しませんか?

私たちにとってスマホは、"いつも肌身離さず、一緒にいる相棒"です。

お財布よりもスマホを忘れたほうが、ダメージが大きいことがあるくらい、ないと不便な存在ですね。そんな大切な相棒ですが…。

時には、思い切ってスマホ断捨離することをおすすめします。

断捨離といっても、"スマホを捨てましょう"という意味ではありません。

"スマホを持たないで出かける時間をつくろう"というすすめです。

ベッドの中、お風呂の中、トイレの中、四六時中スマホを握りしめていることで、私たちの思考、時間、エネルギーはかなり消耗しているのです。

ポロン、ポロンと着信音が鳴るたびに、気持ちがスマホに持っていかれます。

SNSからは、友達やお気に入りの人の気になる情報が、続々と流れてきます。

私も、つい気になってスマホを長時間見てしまい、「あ〜また時間をすり減らしてしまった。おまけに今日も目がショボショボ」と悔やんでしまうことがよくあります。

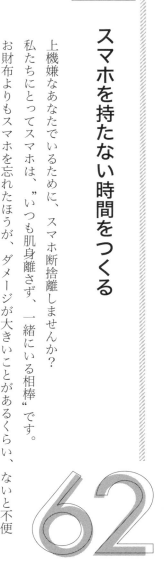

アートディレクターの佐藤可士和さんは、いつもの持ち物に「これ必要かな？」と疑問を抱いて、持ち物をどんどん減らしていき、最後には手ぶらで出かけたそうです。

すると、たくさんの副産物が手に入ったそうです。

今までは視界に入らなかった、道端にひっそりと咲く花や、自分に向き合うゆとり時間。

潔く手ぶらで出かける姿を想像して、「なんだかかっこいいぞ」。

そう思った私は、早速マネをして、スマホを置いて外出することにしてみました。

まずは、仕事に差し支えのない、ウオーキングの時に試みをスタートしました。

得たものは、まさに”今、ここの自分に集中できる“という、心のゆとり時間でした。

今までは、信号待ちのたびにスマホが気になり、着信をチェック。

心地いい空気を肌で感じる、その楽しみを忘れていたことに気づいたのです。

スマホを置いて出かけると、風の冷たさや空気の匂いを感じ、五感がフルに動き出します。

まさに”今、ここ“を実感し、自分を愛しむ時間を味わうことができるのです。

TIPS

62 時にはスマホを留守番させて、今ここの自分を味わおう

63 人と比べず昨日の自分と比べよう

上機嫌力の高さと自己肯定感は、比例しています。

自己肯定感が高い人には、上機嫌力の高い人が多いです。

その反対に、自己肯定感が低い人には、不機嫌な人が多いともいえます。

自己肯定感は、いい自分もダメな自分も、まるごと「私って、そうなんだよね」と認めることができる感覚をいいます。

自己肯定感の高い人と低い人には、ものごとの捉え方に違いがあります。
・自己肯定感の高い人は、捉え方が〝自分軸〟。
・自己肯定感の低い人は、捉え方が〝他人軸〟。
自分を愛しみ、上機嫌で過ごすには、ものごとを〝自分軸〟で捉えることが大切です。

ところが、「自分軸で捉えるには、どうやればいいのか、よくわからないのです」、そんな声が聞こえてきます。

〝自分軸〟で捉えることができるように、練習をしていきましょう。

そのために、大切なポイントが1つあります。

他人ではなく【自分と比べる】ことです。
昨日の自分、1週間前の自分、1か月前の自分、10年前の自分です。
前の自分よりも、”よくなった“”できるようになった“ことを探します。
・昨日は5ページしか読めなかった本が、今日は10ページ読めた。
・半年前は時間がかかっていた仕事なのに、今は素早くこなせている。
・1年前は必死に勉強していた資格を、今は取得している。
・10年前は人見知りだったのに、今は上手にコミュニケーションがとれるようになった。
スゴイことである必要はありません。
過去の自分よりも”よくなった・できるようになったあなた“は確実に存在します。
もちろん、思い浮かぶのがよいことばかりでなく、悲観することもあります。
その時は”ダメな自分“ごと、「私ってそうなのよね」と受け入れてしまいましょう。
比べるのは、人でなくて過去の自分。
過去よりもよくなった自分に目を向けてあげましょう。

TIPS
63 過去の自分と比較して今の自分を褒めてあげよう

64 年齢に縛られない

憧れの大人の女性は、若々しく瑞々しく、年齢不詳です。

そして、自立して堂々としていながら、軽やかさがあります。

欧米の女性が堂々として見える理由のひとつに、「私はわたし」という、自己肯定感の高さがあります。自己肯定感は「まるごと自分を受け入れる」ことでしたね。

"自己主張しない"が美徳とされてきた私たちと異なり、欧米では、自己主張できる自立した人が評価されるからでしょう。

話は戻りますが、**年齢不詳な大人の女性に共通していることは、"自分の年齢をみずから公表もしないけれど、ひた隠しにもしない"**ということです。

日本人は年齢へのこだわりが強く、すぐに「失礼ですがおいくつですか?」と聞きます。「30歳です」と答えると「もっと若く見えますね!」といわれ、有頂天になります。これが欧米では正反対で、「私、そんなに未熟にみえるかしら」とムッとされます。

日本の"若ければいい価値観"は、あまりに幼稚に思えて仕方がありません。

「私、もう若くないし…」。

TIPS

64 年齢はたんなるゼッケンと心得よう

「ムリムリ、もうこんな歳だし…」。

女性みずからが大人になった自分の年齢を気にしすぎています。

上機嫌女子が目指すのは、若作りではなく、若々しくて自立した女性です。

私の憧れの大人の女性の名言集です。

・女性の年齢は、たんなるゼッケンよ。
・若作りをせっせとする姿ほど、みっともないものはないわ。
・年齢を理由にチャレンジをあきらめるなんて、自分に失礼だわ。
・昨日までの私があるから、今の私がある。自分で自分を愛さないでどうするの？
・年齢を重ねてこそ、できることが山ほどあるのよ。
・20代、30代、40代、50代、60代、70代、その歳にしか出せない魅力があるわ。
・年齢を重ねることは、老化じゃなくて、熟成よ。

いかがですか？　あなたの心にぐっと刺さるフレーズはありましたか？

私たちは今日が1番若い。さぁ、どんなわくわくする1日を過ごしましょうか。

65

自然に触れる散歩をしよう

〝女性の価値は、若いほど高いんでしょう〟そう思っていた20代の頃。

当時の私の口ぐせは「めんどくさい」「疲れる」「だって」。

まさに不機嫌ワードのオンパレードでした。

仕事でもプライベートの買い物でも、移動の際に〝自分の足で歩く〟という選択肢はなく、近距離でもタクシーを使うという横着ぶりでした。

「歩くなんて時間のムダだし、ハイヒールで足が痛くなるし、ムリ」。

高給取りでもないのに、なんというムダ使い、ほんとお恥ずかしい話です。

今となっては、ネタになるのでヨシとしますが、「若くて体力も感性もある時に、なんて損をしていたんだろう、わたし…」と悔やまれます。

さて、年輪を重ねた今はといいますと、めちゃくちゃ歩きます。

「えーっ！この距離を歩いてきたの。電車で4駅あるよ」と引かれるくらい、どこでも歩いていきます。

たくさん歩くことによって、体力と筋力と上機嫌力が身につきました。

あなたにおすすめしたいのは、なんといっても"自然に触れる"コースです。

公園・川沿い・海沿い・山や森。

ラッキーなことに自宅近郊には、大阪府で1番大きい服部緑地公園や、国定の箕面公園の大滝があり、しょっちゅう散歩をして、季節の変化を五感で味わい楽しんでいます。

昔なら、公園に散歩なんて年寄りくさいと思っていたのですが…あっ、ひょっとしてあなたも少しはそう思っている？　いえいえ、散歩を侮ってはいけません。

散歩を楽しむ女性の若々しくて瑞々しく、素敵な方の多いこと！

森林浴を楽しむ方、小鳥のさえずりに耳を澄ませる方、草花を愛でている方。すれ違いざまに、ニコッと微笑んで会釈をする方もいらっしゃいます。

みなさん、お肌つやつや、瞳イキイキ、上機嫌オーラにあふれています。

仕事で忙しい日々が続く時こそ、ふっとリラックスして空を見上げる。自分の足をうんと使って自然に身をゆだねる。こんな時間をつくってほしいのです。

筋肉痛で、帰路の足取りは重くても、心は軽やか上機嫌間違いなしです。

TIPS

65 自分の足を使って自然に身をゆだねてみよう

66 居場所を3つほどつくる

あなたには、自分が安心していられる居場所がいくつありますか？趣味のサークルやジムなど、所属するコミュニティがいくつかある方もいるでしょう。毎日が忙しく、家と職場の往復のみの方もいるでしょう。

上機嫌でいるために、"居場所を複数持つ"ことをおすすめします。

なぜなら、居場所が少ないと、何か悩みや問題があった場合、逃げ場がなくなり、苦しくなってしまうことがあるからです。

たとえば、職場の人間関係がうまくいかず悩んでいる時、居場所が家庭だけだとどうでしょう。家族は悩みを聞いてくれるかもしれませんが、解決するのは難しいでしょう。複数の居場所があれば、別の居場所の人から解決のヒントをもらえたり、勇気づけられたりして、気持ちが晴れることもありますね。

居場所とは、"複数の顔"を表現できる場所、ともいえます。

仕事中の顔、彼女の顔、妻の顔、趣味を楽しむ顔…それぞれ別の顔でいられる場所です。

知人の経営者の女性は、いつも優雅なホテルで経営者仲間と食事や会合をしています。

そんな彼女ですが、実はいくつもの顔と居場所を持っているのです。

ある日はデニムとユニクロのパーカー姿で、下町の串カツ屋へ。

お店の人や常連さんは「〇〇ちゃ〜ん、久しぶりやん！ここ座り〜」。誰も彼女を経営者としてみていません。みなさんとは、気のあう楽しい串カツ友達です。

また、ある日はジャージ姿でテニスサークルへ。

上級者のマダム達に「〇〇さん、ナイス！だんだん上手になってきたな、この調子やわ。終わったら一杯行く？」。ここでも彼女は経営者ではなく、テニス仲間です。

仕事先のように、気を使われ、特別扱いされることは、まったくありません。

「これがいいのよ、仕事だけなんてそんなのありえへん。それぞれの場所で別人の私になれるから、それが最高。いろいろな人の気持ちや、価値観に触れて学ぶことがいっぱいあるしね。人生バランスよね」と上機嫌に話してくれるのです。

今は、オンラインで気楽に入れるコミュニティもありますので、”ここなら安心していられそう“と感じる、あなたにフィットした居場所を見つけるのもいいですね。

TIPS
66 いくつかの居場所で、いくつかの顔を楽しもう

67 嫌になったら全部やめてひたすら寝よう

これまで、上機嫌なあなたでいるためのコツをお伝えしてきました。

そうはいっても「どうしても今は無理、ストレスいっぱいで上機嫌になんてなれません」、誰にでもそんな時ってありますね。

・仕事や人間関係でクヨクヨ思い悩んで抜け出せない。
・理不尽な相手に言われた一言にムカついて仕方がない。

こんな時は"寝る"に限ります。潔く、寝てしまいましょう。

「なにこれ、えらく重苦しいわ」。

夜中に書いた日記や投稿したSNSを翌朝見て、撤回したくなることがありませんか？ いったん寝て起きると、案外気持ちが落ち着いているものです。

精神科医の樺沢紫苑さんは、ストレスフリーになるためには睡眠をとること、睡眠によって脳内は整理され、疲労が回復し、パフォーマンスが向上する、とおっしゃっています。

なにもかも全部嫌になった時は、とにかく寝てしまいましょう。

夜に限らず、昼間でも「や〜めたっ」と投げ出して、グーグーとお昼寝をしてみる。

起きた時の"やってやった感"は格別です。

「さてと、気を取り直して…どうするかなっ」と、頭のスイッチが切り替わり、寝る前よりも、格段に軽やかになったあなたがいるはずです。

ここでもう一度、糸井重里さんの言葉をお届けします。

「働く人へ、ちゃんとメシ食って、風呂入って、寝てる人にはかなわない」。

上機嫌なあなたでいるには、心も体も元気であることが欠かせません。

よく寝て、よく食べて、お風呂に浸かり、体や髪、肌の手入れをしてあげる。

心や時間、部屋やクローゼットに余白をつくって、軽やかに。

自分の心、体を最優先でいたわってあげることで、元気がチャージされます。

当たりまえで簡単そうなことですが、とても贅沢なことかもしれません。

運のいい人は、上機嫌な人です。運気の神様は、軽やかで上機嫌な人が好きだからです。

自分の人生の主役は自分です。そして自分のストーリーの監督です。

自分次第で、しなやかで軽やかで上機嫌なオトナ女子になれるのです。

TIPS

67 自分の機嫌は自分でとる！ 自分を最優先で愛しもう

今蔵 ゆかり（いまくら・ゆかり）

オフィスY's room代表／人材育成・セルフマネジメント・仕事効率化コンサルタント
大阪府出身。新卒で、TSUTAYAの本部会社である、カルチュア・コンビニエンス・クラブ株式会社設立時に入社。役員秘書、営業企画等を経験。社員10名の頃から社長の傍らにて、「成果をあげる仕事術」「マインド」「段取り力」等の大切さをみっちり学ぶ。

アメリカン・エキスプレス・インターナショナル,Inc.に移り、加盟店営業部・法人営業部などの業務に従事。

2009年に独立し、オフィスY's roomを設立。

一流の人からの学び、培った経験をベースに、「先読み力」「選択力」「整理力」「感情コントロール」を組み合わせた、独自のセルフマネジメントメソッドを構築。

現在は、講師として、全国の企業・商工会議所・クリニックなどで研修・講演に登壇しており、受講数は5600社の企業・57000人にのぼる。即実践でき、具体的で再現性ある内容が好評を得ており、講演のリピート率も高い。会社・社員・お客様が上機嫌になる職場づくりのサポートをしている。経営者・管理職・院長・働く女性の上機嫌マネジメント個人コンサルティングも行っている。

モットーは「上機嫌な人は仕事もプライベートもうまくいく」。

著書に『みんなに必要とされている人の“ひと工夫”の習慣』（クロスメディア・パブリッシング社、中国語翻訳版もあり）。

本書のご感想やあなたの変化をぜひ「#上機嫌な働き方」でSNSに投稿してください。

●ホームページ　https://ysroom.biz/
●公式LINE　『今蔵ゆかりの“上機嫌でいこう！”』　https://lin.ee/S5kxe8y

○ブックデザイン・イラスト　町田えり子
○DTP　精文堂印刷
○編集　岩川実加

自分《じぶん》も幸《しあわ》せ まわりも幸《しあわ》せ　上機嫌《じょうきげん》に働《はたら》く67のコツ

2021年6月18日　初版発行

著者　今蔵ゆかり
発行者　和田智明
発行所　株式会社ぱる出版

〒160-0011　東京都新宿区若葉1-9-16
03(3353)2835 — 代表　03(3353)2826 — FAX
03(3353)3679 — 編集
振替　東京　00100-3-131586
印刷・製本　中央精版印刷(株)

ISBN978-4-8272-1275-4　C0034